〔増補改訂版〕

中学受験生から大学受験生まで

できる子は、もうやっている

学習の作法

天流仁志

Tenryu Hitoshi

Discover

ディスカヴァー

はじめに

私が「学習の作法」という概念に思いあたったのは、ごくふつうの公立中学校から屈指の名門であるラ・サールに進学したことで、両者における生徒の「頭の使い方の違い」を実感したことがきっかけでした。

同じ状況におかれたとき——たとえば、数学で、やや複雑な設定の応用問題に向かうとき、ラ・サールの生徒は決まって「ある行動」をとります。

図を描いたり、具体的な数値を代入したりして、問題を分析することです。

これに対し、公立中学校では、何もできない、という生徒が多数派になります。

では、ラ・サールの生徒がとる行動は生まれつき持っている才能かといったら、そんなことはありません。ほとんどの場合、学習塾での継続的な訓練によって習得したものです。

このように、**付け焼き刃の対策ではなかなか身につかないが、十分訓練されていれば無**

意識のうちに同じように行うようになる「行動様式」――これを私は、「学習の作法」と呼ぶようになりました。

実は、この「行動様式」は塾に行かなければ身につかないものではなく、私自身は、Z会の機関誌や問題集を中心に学習していくなかで、自然に身につけていきました。

実際、当初通っていた塾は、ラ・サール対策ができるようなところではなく、一般的な補習塾でしたし、その塾も、本格的な受験勉強を始めるために途中で辞めてしまいましたから、独学のようなものです。

にもかかわらず、私が数学の応用問題にあたるときにとった行動は、ラ・サールの同級生たちと同じようなもの。すなわち、「図を描いて、その中に数値や文字式をわかるものから書き込んでいく」ということだったのです。

この「学習の作法」は、もともと、『親と子の最新大学受験情報講座　文系編』『同　理系編』(ディスカヴァー)でもっとも伝えたかった内容です。しかし、情報量が多すぎて埋もれてしまっただけでなく、その具体的な学習法自体については、あまりくわしく説明できていませんでした。

そこで、もっと多くのみなさんに知っていただき、実践していただきたいというのが本書に取り組もうとした動機です。

「学習の作法」は、前述のように名門校の専売特許というわけではありません。一つひとつを見ればごくふつうの勉強法です。

難関大学の合格者ならたいていの場合、身につけていますし、現在より範囲が広かった時代の高校受験や大学受験を経験された親御さん世代の方なら、必要に迫られて自然に身につけていたケースも多いと思います。

ただ、身につけている方から見ればあまりにも当たり前のことなので、なかなかそれを「できない子」に伝えるのがむずかしかったのではないかと思われます。

まだ「学習の作法」を身につけていないみなさまへ。

ぜひ、この本で優等生たちの学習法や思考プロセスを自分のものにしてください。

「学習の作法」をすでに身につけておられる大人のみなさまへ。

この本を手にとることで自信をもって、生徒さま、お子さま、お孫さまに、自らのご経験と思考プロセスをお伝えいただければ幸いです。

2010年のはじめに

天流仁志

改訂にあたって

将棋や囲碁の世界でトッププロを上回るなど、著しい進化を遂げた人工知能。その進出により、社会全体が大きく変化しようとしています。

それはおそらく、製造業や金融といったITと相性がよさそうな分野にとどまらず、法律や医療といった専門職のイメージがある領域にも及ぶでしょう。

これにともない、「2020年大学入試改革」を控えた受験の世界では、知識や処理スピードに加え、ますます「学習能力」が重要になってきています。

そして、**これまではあまり重視されてこなかった類の学力が、今後は必須のものになると予想されます。**

幸いなことに、教育の機会均等に対する社会の関心は高まりつつあります。本書でお伝えする「学習の作法」の普及が、それに貢献できることを願ってやみません。

2017年冬

天流仁志

目次

序章

なぜいま、「学習の作法」なのか？ 13

目次

序章

なぜいま、「学習の作法」なのか？

01

2020年以降、重視されるようになる学力とは？

初版発行以来、中学生や高校生を取り巻く環境には、非常に大きな変化がありました。スマホの普及です。

それに関連して、つねに何らかのコンテンツが気になってしまい、集中力がさっぱり続かない生徒が増えたという声が多く聞かれます。また、短文による情報が大量に入ってくることから、物事の表面しか見ることができない、自分の意見や判断基準を持ちにくくなっているというような研究報告もあるそうです。

こうした傾向は、処理スピードを重視した現行の入試に対してであれば、プラスに働きそうなものです。

しかし、**2020年以降の大学入試では、「表現力」が重視される方向で議論がまとま**

りつつあります。それを踏まえて、中学入試ではすでに自由度の高い記述問題が増加しています。2018年からは高校入試もそうなるでしょう。

この表現力は、東大文系など一部の難関を除けば、これまでさほど重視されてきませんでした。学校や塾で体系的に指導されることは珍しく、現状では家庭環境に大きく依存している種類の学力です。

このこと自体が批判されるべきとは思いません。単熟語を覚え、使いこなせるようになってはじめて英語が話せるように、表現力は知識や処理スピードといった基礎の上に成り立つからです。脱ゆとり路線で学習内容自体も増えているなか、表現力だけを伸ばそうとしてもうまくいくケースは少ないでしょう。

「表現力重視」の入試に対応するためには、知識や処理スピードを効率よく身につけ、その上で表現力を伸ばす必要があるのです。

決して知識の軽視を意味するわけではないのですが、知識そのものよりそれを身につけるための「学習能力」が評価されるという見方もできるでしょう。

少し視野を広げてみると、学習能力が評価されるのは時代の必然とも思えます。人工知能の急速な進化によって、現存する職業の半数程度は近い将来、コンピュータに置き換えられると予想されているからです。

それを前提とした社会では、苦労して身につけた知識もそう長くは使えない、ということが多くなるでしょう。

まったく新しい職業はもとより、それ自体が残る既存の仕事にしても、人工知能の利用によって、そのあり方を変え続けるはずです。

そうなれば、**新しい道具やソフトを次々に使いこなしていくこと、つまりまさに「学習能力」が求められてくる**のです。

さて、本書でご紹介する「学習の作法」は、次の5つに大別できます。

❶基本作法「できるようにする」

❷習得作法「できることをさらに繰り返す」

❸未知の問題を解く作法①「分析する」
❹未知の問題を解く作法②「俯瞰する」
❺応用実践学習作法「自分で説明できるようにする」

くわしくは、各章で述べていきますが、まずは、それぞれについて、「作法が身についている子とそうでない子」の違いをあげながら、概説していきましょう。

02

基本作法

「できるようにする」

できるようにすること。これが、学習の作法の基本中の基本です。学習とはすなわち、「それまでできなかったことを、できるようにすること」だからです。

当たり前だと思われるでしょうが、実際には、その当たり前のことができていない生徒がいかに多いことか……。それは、「できるようになる」ということがどういう状態なのか、わかっていないからなのでしょう。

「できるようにする」とは、次の3つの状態をすべて完全にできるようにすることです。

❶満点をとれるようにする
❷時間内にできるようになるまでやる
❸即答できるまで繰り返す

すなわち、時間内に、満点がとれて、即答できてはじめて、「できるようになった」といえるのです。それぞれについて、順に説明しましょう。

基本作法❶

満点をとれるようにする

「満点をとれるようにする」というのは、**できなかったことをできるようにしていくこと**です。

解けなかった問題があるときに、解答を見て丸つけをするだけでなく、

もう一度解いて、できることを確認します。

もし、できなかったら、できるようになるまで何度も繰り返します。

このプロセスを経ることではじめて、解けなかった問題が解けるようになり、学力が向上します。テストでその問題が出たときに、自然と解けるようになっていきます。

丸つけをするだけでそのまま進んでしまうのでは、学力は上がりません。解けない問題はできないままですから、テストで出題されてもやはり解けません。解けない問題が増えていくと、やがて授業もわからなくなってしまう可能性があります。

「1つしか間違えなかったからいいや」ではいけません。


満点になるまで繰り返す、それが「学習の作法」です。

基本作法❷

時間内にできるようになるまでやる

「時間内にできるようになるまでやる」というのは、

定められた目標時間内に解けなければ「合格」と見なさず、再度挑戦する

ということです。

このやり方だと、はじめから「5分以内で解こう」という意識が持てるので集中できますし、少ない時間で多くの問題を解けます。テストで時間に対してたくさんの問題が出されても、余裕を持って答えられるでしょう。

こういう意識を持っていないと、たとえ解けたとしても、かなりの時間がかかってしまうことがあります。

すると、問題数が多いテストでは解き終えられないのはもちろんのこと、同じ内容を身につけるのにより多くの時間が必要になり、宿題の量が多くなるとこなしきれなくなります。学校の進度にもついていけなくなる可能性が高まります。

実際、高校に進学すると、必要な学習量が急に増えるので、対応できなくなる生徒が大

勢出てきます。中高一貫校でも、高校内容に入る中3あたりから、同じような現象が起こることがあります。

最初から、

日常の学習の中で、制限時間を意識し、時間内にできるようになるまでやる

という学習の基本作法を早急に身につけていくことが望まれます。

基本作法③

即答できるまで繰り返す

「反射的に答えられる」というのは、それだけよく覚えているということです。この状態になるまで学習できれば、時間が経っても覚えたことをなかなか忘れません。

だから、「テスト勉強をしたはずなのに思い出せない」ということは滅多になくなりますし、時間が経ってから受ける模試でも、ほぼ同じように高得点をとることができます。

そして、それは社会人になっても続きます。

覚えはしても、思い出すまでに時間がかかる状態の場合、時間が経てば簡単に忘れてしまいます。そのためテストでも、「やったはずなのに思い出せない」ということが起こりがちです。

また、定期テストではそこそこの点数をとっていても、模試になると途端に成績が悪くなったりします。

問題を聞いてから答えるまでの時間を、限りなく短くすること。

すぐに答えが出てこないうちは、「できるようになった」とは言わない。

即答できるようになってはじめて、「できるようになった」と認識するようでなければならないのです。

03

習得作法

「できることをさらに繰り返す」

一度、制限時間内に満点をとれたら、それでいいのでしょうか？　もう完璧にできるようになったと言えるのでしょうか？

1つ言えるのは、ほんとうに「できるようになりたい」と思っている人は、それでは安心しないということです。できるようになったことをさらに繰り返すという、「反復練習」のトレーニングを怠りません。

このトレーニングの作法は、特に語学系の学習に必須です。

次の3つの状態が完全にできるようになるまで、ひたすら繰り返します。

❶すらすら読めるようになっている

❷意味を把握できている

❸ことあるごとに繰り返す

習得作法❶

すらすら読めるようになっている

「できることをさらに繰り返す」というのは、おもに国語や英語の音読という場面で現れる作法です。

英語の教科書を読む場面を例にとってみましょう。

繰り返し音読する際、できる生徒は途中でつっかえることなく、なめらかに読んでみせます。それを続けるだけで自然に英語のリズムに慣れて、読解やリスニングに強くなっていくのです。

これに対して、何度やっても読み間違えたり、途中でつっかえたりする子もいます。早口言葉のように、少しでも速く読もうとするのが原因になっていることが多いようです

が、基本的な問題は、

「だいたいわかっているからいいや」と思ってしまっていることです。

こういう生徒は、英語自体が苦手なことが多いのですが、特にリスニングができません。英語のリズムがつかめないため、意味のまとまりをとらえられないのです。

英語であれ、古文であれ、すらすら読めるようになってはじめて、「できるようになった」といえます。

習得作法❷

意味を把握できている

音読がうまくできている生徒は、ただ口に出しているだけではなく、いま読んでいる文章の内容をよく理解しています。

そうすると、第一に、文章中で使われている**ことばの知識を身につける**ことができます。意味をよく把握したうえで繰り返し読めば、似た話題の文をより早く正確に理解できるような読解力がつきます。

第二に、ストーリーや筆者の主張が頭に入ります。その内容や構成を、自分が文章を書くときにも使うことができます。つまり、「**応用**」です。

意味がわからないまま音読していると、知識も応用力もつきません。ただ、「音読できる」というだけです。

なぜ、こうなってしまうかというと、その原因はおもに、現在の学力に対してむずかしすぎる文章を読もうとしていることにあるようです。このため、適切なレベルの文章で、適切な解説が得られるというのが教材の使用条件になるでしょう。

よく理解して音読できているかを確認するには、「**何も見ずにあらすじを言ってみる**」というのが有効です。

全体の流れを把握していれば、ある程度の回数音読した段階で内容を再現できるようになっています。理解が不十分だと、部分的な表現は覚えていても、肝心なストーリーや主張が出てこなかったりします。

英語の場合は、イラストを見て本文を再現してみるのがいいでしょう。これができれば、スピーキングやライティングでも「使える英語」になっているということです。もちろん、意味や構造が理解できていなければうまくいきません。

習得作法❸

ことあるごとに繰り返す

気に入った文やゴロを繰り返し唱えると、何かの拍子に口をついて出てくるものです。かけ算をするときに九九を唱えるというのもそうです。「きらきら星」のメロディに合わせてABCを覚えるのもそうです。

古くは千年以上前から「いろは歌」として用いられてきた作法です。

アルファベットや九九に限らず、各科目の基本事項をこのようにして覚えておけば、それらをもとに多くのことを覚えられます。

たとえば、「いんしゅーしんかんずいとうそうげんみんしん(殷・周・秦・漢・隋・唐・宋・元・明・清)」と、中学校の歴史のテストのたびに唱えていれば、高校生になってからの世界史がかなり楽になります。

そして、**英作文が得意な人というのは、このように、すらすら唱えられる例文のストックをたくさん持っている人のことです。**それ以上でも以下でもありません。

04

未知の問題を解く作法❶

「分析する」

ここまでの2つは、いわば、基本的なことを「完璧にできるようにする」ための「学習の作法」でした。

では、少しむずかしい問題、はじめて見る問題を前にしたときに、できる生徒に共通して見られる「行動」とは、どのようなものでしょうか？

ここからは、「学習の応用作法」として、教科や単元にかかわりなく、応用問題、むずかしい問題に挑戦するときの作法をあげます。

未知の問題を解く作法としては、「分析」と「俯瞰」という、正反対の2つの作法があります。

まず、「分析」です。おもに理系教科に用います。

この分析の方法には、次の4つがあります。

❶抽象的なものを具体化する
❷見えない部分を可視化する
❸結論の側から考える
❹部分に分けて考える

どういうことなのか、順に説明しましょう。

分析の作法❶

抽象的なものを具体化する

理系科目が得意な人、特に応用問題が解ける人は、抽象的な概念がよく理解できています。しかし彼らも、抽象的な概念を抽象的なまま理解しているわけではありません。

具体例をイメージしているからこそ、抽象的な概念を理解できるのです。

多くの生徒が苦手意識を持つ物理を例にとってみましょう。

物理の教科書や問題集には、「秒速vメートルの速さ」や「質量mの物体」がよく出てきます。もちろん、質量mの物体など実在しません。

これを理解するためには、

1キロならどうか、10キロならどうか、と具体例を考えていく

のが有効なのです。

もう少し簡単な分野でいえば、中学校1年生で習う方程式の文章題もそうです。いきなりxの式で表そうとしても、なかなかうまくいきません。わからないまま時間を浪費してしまいがちです。

しかし、1のときはどうか、では2のときは……と具体的な数字を当てはめて考えていくと、xと置いたときにどうなっているのかがだんだん見えてきます。

小学生のようなやり方だと、ばかにしてはいけません。高校生になっても、難関大学の入試問題を前にするときにも、ごく一般的に行われている方法です。

分析の作法❷

見えない部分を可視化する

関数や図形の問題では、グラフや図形をどれだけ正確に描けるかが、思いのほか重要です。そこで、明らかな差がついてしまいます。

最初からグラフが与えられているような場合でも、その中にわかる数値や文字式を書き込んでいく作業が大切です。ましてや、グラフや図が与えられていなければ、最初からそれを自力で作成しなければなりません。

関数や図形の問題は、文字だけを見ていても、何をすればいいのか見えてこないことが多いため、苦手な子は何もできないまま、ただ問題を見つめ続けることになります。

しかし、文字で書かれた情報も、グラフや図にしてみれば一目瞭然です。どうすれば答えを出せるのかが見えてきます。

面倒がらずに、自動的に手が動いているのは、「作法」が身についている生徒です。

目に見えない条件というのは、それだけだとどう使っていいかわからないものですが、それをグラフや図の形で可視化することで、一気に理解できるようになるわけです。

実は物理でも、この**「与えられた状況を図示する」**という解き方がものすごく重要です。これは、数学と物理の成績に強い相関関係があることの大きな理由の1つだと思います。

ちなみに、大きな理由のもう1つは、ともに文字式の計算力が必要ということです。

分析の作法❸

結論の側から考える

理系で扱うようなむずかしい数学の問題では、与えられた条件から考えるだけでは解き方の道筋が見えないこともあります。

そういうときには、**求めるべき答えの側から考えていく**ことによって、わかることが少なくありません。

これを単なる解法テクニックだと思わないでください。細かいテクニックなどではなく、かなり幅広い問題解決——実は、実生活でも応用されている問題解決手法——の基本です。

数学には「ひらめき」が必要と言う人もいますが、その「ひらめき」のかなりの部分はこのプロセスを経て生まれているのです。

結論の側から考えることがもっとも重要なのは、中学範囲でいえば、図形の証明問題でしょう。

証明の答案を1から順に書いていくのはなかなかたいへんですし、何を書いていいかわからなくなってしまうこともあります。そういうときは、逆に結論から、10のほうから1に向けて書いていけばうまくつながってくれます。

たとえば、「AB＝AD」を証明するためには、「△ABC≡△ADC」が必要だ、という部分を先に書いておけばいい。与えられた条件を使って三角形の合同を証明すればいいことがわかれば、あとは1から書いていくことができます。

分析の作法4

部分に分けて考える

いまは「分析する」という手法を、理系的応用作法としてご紹介しているわけですが、実は、この手法は文系科目でも威力を発揮します。

読解問題で、長い傍線部つき選択肢を「部分に分けて検討する」ということができれば、得点力がかなり上がります。

たとえば、センター試験の国語では、それ自体が2行も3行もある長い選択肢が出されます。しかも、出題者の罠はかなり細かいところにあり、一度読んだだけでは気づかないのも無理はないようにできています。

だから、選択肢全体をなんとなく読んで、なんとなく答えるというのでは、出題者の罠にはまってしまうだけなのです。

そこで有効な方法としては、**選択肢をまずいくつかの部分に分けるやり方**があります。いくつかの部分に分けて、その部分ごとに、本文と矛盾する記述がないか、設問と無関係な話題ではないか、などと検討していきます。そうすれば、明らかに言いすぎの記述の部分を見つけて、それを根拠にその選択肢を切ることができる、といった具合です。

この部分に分けて検討するアプローチは、東大の自由英作文のように一見、とらえどころがなさそうな問題でも有効です。

この場合、**ほかと比べて目立つ部分に着目します。**

たとえば、指定された写真の中で、特に目立つ部分に注目し、なぜそれが目立つのか、その部分によってどういった効果がもたらされているのかを記述していけば、特に迷うこともなく、制限字数を埋めることができてしまうのです。

05 未知の問題を解く作法❷
「俯瞰する」

理系教科で未知の問題を解く作法が「分析」なら、文系教科でのそれとしてあげられるのは、ある意味、逆からのアプローチである**「俯瞰」**です。

もちろん、「分析」が文系科目についても使える場面のある作法なのと同様、「俯瞰」も理系科目でも役立ちますが、私が指導する生徒を見ていて、特に国語・英語の読解や記述に、この当然といえば当然のアプローチが欠けていることが多いので、文系的応用作法としてあげることにしました。

「俯瞰する」ための具体的な方法としては、次の3つがあります。

❶評論は話題、小説は場面から考える

❷意味から代入する
❸先に全体的な構造をとらえる

1つずつ、順に見ていきましょう。

俯瞰の方法❶
評論は話題、小説は場面から考える

中学入試、高校入試の説明文や大学入試の評論では、**まず本文全体が「何について書かれているか」という「話題」を把握することが大切です。**政治の話か、経済の話なのか、はたまた文化の話なのか。

それを把握しないままに問題を解こうとしても、記号問題で本文とは無関係の選択肢を選んでしまいます。あるいは、設問になっている箇所の直前だけを見て答えるために、出題者の罠に引っかかったりもします。

本文全体の「話題」が把握できていれば、少なくともまったく的外れな選択肢を選ぶことはなくなります。

当たり前のことのように思うかもしれませんが、小手先のテクニックだけが普及しすぎてしまっているのか、このようなことを「重要な作法」として、あえてとり上げなければいけなくなりました。

「全体の話題」のほかにも、「段落ごとの話題」や「設問の話題」を把握することも非常に重要です。

「この段落は日本文化の話だ」「この段落は西洋文化の話だ」と区別して読めれば、たとえば抜き出し問題でどこを探せばいいかわかります。「設問の話題」が日本文化だとしたら、日本文化の話が出てきた段落を探せばいいわけです。

ところで、いま「全体」と書きましたが、中学入試、高校入試の物語文や大学入試の

「小説」の場合、話題は「場面」として出てきます。

この場合は、たとえ、その小説なり物語なりの全体を知っていたとしても、あくまでも

問題文として引用されている場面だけで答えなければなりません。それをおろそかにすると、たとえばその場面ではまだ登場していない人物について書かれた選択肢を選んでしまったりします。

あくまでも、材料として与えられた本文を全体として把握し、その中での登場人物の気持ちとして明らかに不自然な選択肢があったら、それを切ります。

さらに、「段落ごとの場面」を把握できていれば、設問にされた時点での人物の気持ちを、根拠を持って考えることができます。たとえば、「家族が病気だと知った後」の「場面」と、それ以前の「場面」を区別することで、主人公の気持ちの変化をとらえられるのです。

記述問題なら、この時点で「それまでは～と思っていたが、病気と知って～と考えるようになった」といったような解答の型ができます。

いまは国語の読解の方法論として、「話題から考える俯瞰の作法」を解説していますが、単なる受験テクニックだと思わないでください。これは、およそ文章から知識を習得するうえで、また議論を行ううえでも重要な作法です。

さらには、**理系的応用作法である「分析」と、文系的応用作法であるこの「俯瞰」を繰り返すことは、入試に限らず、むずかしい課題に対する基本的な問題解決の手法**となります。

ビジネス上の課題についてもまったく同様です。企業が難関大学卒業生を採りたがるのは、そこで学んできたことそのものを評価しているからというより、難関大学に入学できた時点で、こうした基本的な学習の作法が身についている可能性が高いことを経験的に把握しているからでしょう。

俯瞰の方法❷

意味から代入する

文章の中に空欄があって、そこに単語を埋めるような問題では、**まず意味から考えるこ**

とが大切です。選択肢が与えられていれば、その語を当てはめてみて、文の意味が自然につながるものを選ぶという解き方となります。

この作法が身についている人は、「何をそんな当たり前のことを」と思われるでしょうが、このやり方ができていない子、たとえば空欄の直後しか見ないような子がたくさんいるのです。そういう子は、簡単に罠に引っかかり点数を落とします。

この「意味から考える」作法は、英語の文法問題でも重要です。

ある程度以上のむずかしい試験になると、文法問題は、意味を無視して形から答えを決めると間違えるような選択肢のつくり方がされているからです。

もちろん、意味からだけでは確定できないなら、形から考える必要もあります。しかし、**まず意味から考えることでミスを減らし、素早く解く。**このメリットは非常に大きいものがあります。

俯瞰の方法❸

先に全体的な構造をとらえる

細かい部分にこだわる前に、全体としてはどうなっているのかをとらえる——その花形ともいえるのが**「構造把握」の作法**です。

わかりやすい例としては、英語の和訳問題があげられるでしょう。苦手な人は、いきなり下線部をそれぞれの単語に分解し、覚えている用法を当てはめようとします。

結果として、文法的には正しい部分もあるが、まったく意味が通じない、したがって点数もとれない答案をつくってしまいます。ジグソーパズルで、完成図もピースの図柄も見ないで、ただただ凹凸に合うかどうかだけでピースをつなぎ合わせて、パズルを完成させようとするようなものです。

減点されない答案をつくる人は、まず下線部を含む文全体の話題を把握します。つまり、ここまでは「話題から考える」のと同じことをやっています。

話題が把握できたら、下線部の大まかな構造、すなわちandが何と何をつないでいるかとか、どの部分がどの部分を修飾しているかを考えます。

それが確定できてから、文章の話題や下線部の構造に照らして適当と思われる意味を各単語に当てはめていきます。

先に大枠やだいたいの位置を判断してから、パズルにピースをはめていくのです。

この全体像を把握してから細部の検討に入るやり方は、与えられた文章や資料の量が多い**小論文でも威力を発揮します。**

たとえば、**「傾向が生じる原因を考え、その先を予測する」**方法があります。

資料からある傾向を把握すれば、その傾向が生じる原因に注目することができます。そして原因を理解できたら、その先に何が起こるかを論じることができるのです。ある原因が持続しそうならその傾向が続くでしょうし、解消されそうならトレンドの変化を予想できます。

さらに、全体の構造を把握してしまえば、**似た構造を持つ別のものごとを引き合いに出**

して論じることもできます。

これができれば、単に本文をなぞるだけのありきたりな答案にはなりませんし、持ち出すものごとによっては自信のある分野で勝負することもできます。

さらに、オリジナリティを出しつつも無難な結論につなげられるため、バランス感覚という点でも高評価を得やすくなるのです。

06

応用実践学習作法

「自分で説明できるようにする」

教えるのがうまい人は、ある事柄をとてもわかりやすく説明してくれますので、聞いている側はその場ですぐに理解できます。ただし、その理解した内容をテストのときにも答えられるか、つまりほんとうに身につけているかは別問題です。

それを身につけるには、

説明を聞いて理解するだけでなく、自分で説明できなければなりません。

そこまでの学習ができていないと、ちょっと複雑な内容になるだけで、「やったはずなのに解けない」となってしまうのです。

数学の問題であれ、新しい概念の習得であれ、よく「わかった！」と思って、誰かに教えようと思うと、途端に細部があやふやになってわからなくなってしまうことがあります。それは、ほんとうには、わかっていない、身についていない証拠です。

学習の作法の最後、学習を完成させる作法は、「自分で説明できるようにすること」。そこまでできてはじめて、「わかった！」ことになります。

「自分で説明する」というとむずかしそうですが、わかりやすい説明を受けた直後なら誰でもできます。その説明を真似ればよいだけなのですから。

誰かに教えるように、受けた説明を再現する――このプロセスを、私は「**シャドウティーチング**」と呼んでいます。**私自身が行ってきた学習法であり、現在、生徒への指導に用いて成果を上げている学習法です。**

この作法は、中学生まではさほど必要ありませんが、高校に入って学習すべきことが増え、内容もむずかしくなってきたら、ぜひとも使っていただきたい実践的な学習法です。

シャドウティーチングは、次の3つの領域で特に威力を発揮します。

❶定義を説明する
❷正答へのプロセスを説明する
❸構成メモから全体を再現する

シャドウティーチング❶
定義を説明する

シャドウティーチングが役に立つ場面として、まずあげておきたいのは、「難解な概念を自分のものにする」場面です。

プロの講師が難解な概念を説明するときには、具体例をあげたり、図解したり、日常的なものでたとえたりします。その**説明をそのまま自分で繰り返す**、これがもっとも基本的なシャドウティーチングの手法です。

物理や化学の分野で、**公式の意味をことばで説明する**というのもこれに似ています。

たとえば、物理で出てくる「エネルギーの3要素」の文字式は、かなりわかりにくいものですが、これを「運動エネルギー＋重力による位置エネルギー＋弾性力による位置エネルギー」と説明する練習をやっていれば、問題を解くときにも自然に応用できます。

シャドウティーチング❷

正答へのプロセスを説明する

つかみどころがなさそうに見える国語や英語の問題も、力のある指導者は、明快なプロセスを示して答えを出してくれます。学習者にとって重要なのは、このプロセスを使えるようにすることです。

答えではなく、プロセスを再現できるようにするのが、学習の本体なのです。

たとえば、国語の読解問題で記号を選択するとき、それぞれの選択肢について、「ここが本文にはない話題だ」「ここが本文17行目と矛盾する」といった指摘をしていきます。こうしたプロセスを再現する訓練ができている人は、似たような問題が出されたときに応用することができます。

プロセスを覚えようとしないで、なんとなく答えのみ理解したという人は、同じ問題が出される定期テストなら得点できても、実力テストではさんざんだったりします。

シャドウティーチング❸

構成メモから全体を再現する

論述問題には、その名のとおり、「論ぜよ」「述べよ」という問題もありますが、主流はやはり「説明せよ」という形式です。また、英語の和訳問題では、事実上、「英文の構造を説明せよ」というものがあるなど、記述答案の作成は「説明する」こととかなり近い関係にあります。

国語や数学の記述答案をつくる際にも、「シャドウティーチング」で、解答に至るプロセスをきちんと理解しておくことが重要になってきます。

さらに理科や社会の論述問題ともなると、このやり方で、答えそのものを覚えてしまうことができます。答えを最初から覚えていれば、短い時間で答案をつくることができますし、的外れの答えを書いてしまうことも少なくなります。

覚えるべきは答案の構造、いわゆる「構成メモ」の部分です。一言一句丸暗記するわけではありませんが、論述だからといって、すべてを最初から考えて書いていたのでは、時間が足りなくなることが珍しくありません。

実際、司法試験をはじめとする法律の論述試験では、前もって答えを用意しておくのが対策の定番です。大学入試でも、典型的な問題に対しては、すぐに答案を書けるようにしておくことが非常に有効なのです。

そして、答案が書けるためには、実際に書いてみる練習以上に、その内容を口頭で説明する訓練が役に立ちます。**構成メモを見て、答案を再現する練習を繰り返せば自動的に弱点が補強されますし、その構造がほかの分野でも使えるようになっていきます。**

その際の応用としては、**「もしそれがなかったらどうなるかを考える」**があります。物事の必要性や存在意義を理解したり表現したりするときに有効なやり方です。どうしても必要なものなら、それがなければ何か不都合や矛盾が生じるはずです。その不都合や矛盾がいかに決定的なのかを説明することで、必要性を表現できるのです。

数学では「背理法」として東大などでたびたび出題されていますが、**これからはほかの科目でもこの考え方を使う機会が増えそうです。**

07 作法はどうやって身につけるのか？

作法を身につける方法には、いくつかのパターンがあります。大きく分けると、次の3つでしょう。順に見ていきます。

❶誰かに教えられる
❷周囲を真似して覚える
❸自分で自然に身につける

1　誰かに教えられる

「誰か」とは、ふつうは塾や学校の先生か親です。

まず、塾や学校で繰り返し教わるケースについて。これは、要するに、意図的な訓練で身につける方法です。

名門の進学塾や進学校では、学習法や応用問題への対処法についても、よく教えてくれているものです。たとえば、開成中学・高校の数学では、「グラフを正確に描くこと」をかなりしつこく指導されているそうです。

ほかにも、難関大学を目指す生徒の多い中学校・高校では、作法を身につけていないと解けない応用問題を出題します。その入試問題を突破するために、塾側も直接作法を教え込んだり、作法を身につけていないと解けない問題を出したりします。その訓練を何ヶ月も続けていくうちに、作法が身につくのです。

私が直接指導するときも、**まず作法をたたき込みます。**

それでも、身につくまでには個人差があり、それまでの学習経験が少ない生徒の場合、半年以上かかることも珍しくありません。

次に、家庭で親御さんから教わるケースです。

この場合、親が家庭教師のように教えるというのは、せいぜい中学受験まででしょう。

それよりも、日常の会話の中で、自然に作法が伝わっていくほうが現実的には多いように思います。いまの受験生の親御さんの世代には、自然に作法を身につけている方が大勢います。それがお子さんに伝わる形で作法が身につくわけです。

親子の間で勉強についての具体的なコミュニケーションがとれていれば、塾で習うのと同等以上の効果があります。この場合、半年どころか何年も、作法に触れ続けていることになるからです。

そういった家庭で育っていれば、すぐには応用問題を解けなくとも、少し意図的に「作法」を教えてやると、かなり早い時期から成績が上がります。「良い」塾や学校に通う以上に、環境に恵まれたケースと言えるかもしれません。

2 周囲を真似して覚える

これは、進学校や進学塾に通っている子が、周囲の優等生から「盗む」ような身につけ方です。問題を解くときに、友だちがどういう考え方をしているのか、直接伝わってくることもあります。

たとえば、灘中学や高校、ラ・サール中学と高校の数学の授業では、教科書の解説は最低限で切り上げ、問題集を中心に扱います。そして、指名された生徒が一斉に黒板に答案を書いていき、先生はそれをもとに解説するという形式です。

書かれた答案には考え方そのものが示されていますし、先生もそれを解説してくれます。すると、あまり数学が得意でなかった生徒でも、それを真似るだけで数学の問題を解くのに必要な作法を身につけることができる、というわけです。

3　自分で自然に身につける

作法にしたがった勉強をしなければとてもついていけないので、時間内に終わらせる工夫をする。その結果、誰に教わるわけでもなく作法を身につける、ということがあります。

大量の宿題を出す地方の厳しい公立高校などでは、このパターンが多いでしょう。もともとこういった生徒の学習方法は「自己流」なのですが、その「自己流」どうしが驚くほど似ていたりします。

また、最近は、本書のような「受験技術書」を読み、それを取り入れることで「作法」

を身につける生徒も増えています。ただし、技術書を読んだだけで作法が身につくわけではありません。選んだ本の記述をもとに、**試行錯誤や地道な訓練を繰り返して、ようやく身につけることができる**のです。

また、なかには、勉強以外の事柄から、作法を自然に身につけてしまう生徒もいます。実際、「学習の作法」の中には、ゲームやスポーツなどほかの分野の活動と似ているものがあります。

たとえば、基本の計算練習を繰り返すのは、「素振り」や「走り込み」といったスポーツの基礎練習と同じことですし、応用問題の考え方には、ゲームの攻略法にそっくりなものがあったりします。

ゲームにしろスポーツにしろ、集中して本格的にやっている人は、勉強にも集中できる傾向があります。有名進学校の中には、部活や学校行事がかなり盛んなところがあるのも、数学で無類の強さを発揮するゲームオタクがいるのも、決して偶然ではないでしょう。

何かに打ち込んだ経験のある人は、その感覚を教科学習に持ち込むことで、有利に受験勉強を進められる可能性があります。

序章のまとめ

▼「学習の作法」の概説

1 基本作法「できるようにする」

① 満点をとれるようにする
② 時間内にできるようになるまでやる
③ 即答できるまで繰り返す

2 習得作法「できることをさらに繰り返す」

① すらすら読めるようになっている
② 意味を把握できている
③ ことあるごとに繰り返す

3 未知の問題を解く作法①「分析する」

① 抽象的なものを具体化する
② 見えない部分を可視化する

③結論の側から考える

④部分に分けて考える

4 未知の問題を解く作法②「俯瞰する」

①評論は話題、小説は場面から考える

②意味から代入する

③先に全体的な構造をとらえる

5 応用実践学習作法「自分で説明できるようにする」

シャドウティーチング①定義を説明する

シャドウティーチング②正答へのプロセスを説明する

シャドウティーチング③構成メモから全体を再現する

6 作法はどうやって身につけるのか？

①誰かに教えられる

②周囲を真似して覚える

③自分で自然に身につける

COLUMN 1

「進学校の生徒は、勉強が大好きでしかたがない」という幻想

「勉強をやる気が起きないのですが、どうしたらいいでしょう」

「うちの子は勉強をしたがらないんです」

こんな悩みを聞かされることがあります。そこには、「先生は勉強が好きでしかたがなかったからいいんでしょうけど……」という愚痴が混じっていたりします。

しかし、この「先生は勉強が好きでしかたがなかった」という部分に対しては、美しい誤解にすぎない、進学校に対して幻想をいだきすぎだ、ということを強く主張しておきたいと思います。

進学校の生徒だからといって、つねにみながやる気に満ちあふれているなどということは、決してありません。ごく一部に、勉強をゲームと割り切って楽しんでしまうような生徒もいますが、それは少数派です。たいていは勉強なんかしたくない、するにしても好きな科目だけがいい、というように思っています。

私自身、本を読むのは好きなので、英語や国語の読解ならほとんど苦になりませんでしたが、同じ英語でも文法は大嫌いでした。数学も、ゲームに関係の深い確率問題を除けばかなり嫌いで、1分でも短い時間の勉強で切り上げたいと、つね日ごろ思っていました。それが、学習法を研究する動機にもなったわけですが、とにかく「勉強が好きでしかたがなかった」などというのは、まったくの誤解です。

では、ほかの子どもたちと同じように「勉強をやる気が起きない」進学校の生徒は、なぜ勉強ができているのでしょうか。

答えは単純で、やる気が起きないときでも勉強するからです。

進学校の生徒は、一部の例外を除けば、やる気がないときでも、勉強はやらなければならないことだと認識しています。そして、結構な割合で、やらなければならない勉強をほかのことより優先して行っているのです。

進学校の生徒にとって、「やる気がないイコールやらない」という式は成り立ちません。ふつうの公立校の生徒といちばん違うのは、その部分だと思います。

けれども、大人にとっては、やる気がなくてもしなければならないことをするのは当たり前のはずです。

たとえば、医者が「やる気がない」からといって治療をサボったり、教師が「やる気がない」からといって授業をサボったら、社会が崩壊してしまいます。親が「やる気がない」といって子どもの世話をサボったら児童虐待です。

現実問題として、

勉強量の差をつけているのは、
「やる気があるかどうか」ではなく、
「やる気が起きないときにも勉強できるかどうか」です。

これは、精神年齢の高さともいえるかもしれません。

そう考えると、学力を伸ばすという観点から、家庭内でのコミュニケーションには、「学習の作法」を身につけさせること以上に重要な役割があるといえるでしょう。

第1章

基本作法
「できるようにする」

序章では、「学習の作法」について概説しました。では、実際の科目では、それらはどのように求められ、また、どのように身につけていくのでしょうか？

これからの章では、学習の作法の1つひとつについて、実際の主要5教科の学習はどのように行っていったらよいのか、教科別に、それぞれ代表的な問題集をあげながら、実践的な方法を説明していきます。

最初にも書いたように、「学習の作法」について、「なるほど、そうか！」と納得したところで、それを身につけないのであれば、なんの意味もありません。**自分でも意識しないうちに、自然にやってしまっている、というレベルまで身についてはじめて意義があります。**

そして、それには、半年かかる生徒もいます。逆に言えば、これからご紹介する方法で、半年間学習すれば、ほぼすべての方が身につけることができます。

さて、「できるようにする」ことには大きく分けて、3つの要素がありました。

❶満点をとれるようにする
❷時間内にできるようになるまでやる
❸即答できるまで繰り返す

これらのうち、「満点をとれるようにする」というのは、すべての科目に共通する作法です。

できなかったところをできるようにする、弱点をつぶす、ということでもあり、これによって成績が伸びます。

「時間内にできるようになるまでやる」のは、**特に算数・数学の計算練習で重要**です。テストが余裕を持って解けるようになり、ミスを減らすことにも貢献します。

「即答できるまで繰り返す」のは、**英語の単熟語や社会の用語を覚えるときに重要**です。「なんとか思い出す」段階から「すらすら答えられる」段階に引き上げると、記憶が強固になり、時間が経過してもなかなか忘れないようになります。

では、順にくわしく説明していきましょう。

01 数学の計算をできるようにする

同じ計算練習の宿題を与えられたとします。

名門校の生徒が「やりました」と言うとき、たいていその範囲のテストでは、見事に全問正解します。ふつうの公立中学校の生徒では、「やりました」とは言いながら、まず満点はとれません。間違えたり、わからなかったり、時間内に解けなかったりします。

この違いは、名門校の生徒と公立校の生徒が言う「やりました」の意味の違いです。

名門校の生徒にとって、宿題をやるというのは、「その範囲の問題を時間内に正答できるようにすること」です。

したがって、できなかった問題は、できるようになるまで繰り返します。

ところが、ふつうの公立校の生徒にとっては、これは「その範囲の問題が解けるかどうか試してみて、丸つけをしたあと間違えていたら答えを写すこと」なのです。公立校の生徒の「やりました」には、「できるようにする」というプロセスが欠けています。

小学校の授業は、読み書きを覚えさせること自体が大きな目的です。したがって、「ノートをとること」、言い換えれば「字を書くこと」自体が大切であるとされます。一方、受験のための塾では、その事項を「覚えること」、もう少し言えば「テストで点をとること」を目的とします。

テストで点をとるためには覚えなければいけませんから、ＳＡＰＩＸのような塾では「自然に覚えるまで繰り返す」ようなカリキュラムを組んでいます。

生徒もテストでよい点をとりたいので、覚えようという意識が強くなり、同じ書くにしても正解できるかにこだわって、覚えるために書いています。ふだんからテスト形式の勉強をしているといってもいいでしょう。

以下、具体的な作法をお話しします。

1

適切な目標時間と正答率がついている問題集を用いる

では、テストの形式で勉強するにはどうすればいいのでしょうか？

いちばんわかりやすいのは、**適切な「目標時間と正答率」がついている問題集をこなす**ことです。

たとえば、**『高校入試突破　計算力トレーニング』**（桐書房）がそれです。合格ラインに達するまで何度も繰り返します。

高校入試が目的なら、時間内に90％以上正答できるかどうか。大学受験の基礎力をつけるためなら、時間内にすべて正答できるかどうか。評価するのはそれだけです。計算過程がきれいに書けているかとか、行を揃えて問題を写せているかというようなことは一切評価しません。むしろ、問題を写したり、計算をきれいに書いたりするのは時間の無駄です。**消しゴムの使用も禁止します。**消す時間がもったいないからです。

このレベルなら、最終的には、ほとんどの計算を暗算でこなしてしまうのが目標になります。

2 最初はゆっくり正確に。満点がとれるようになったら時間内に

『高校入試突破　計算力トレーニング』のあるページをやってみて、いきなり合格できるという生徒はなかなかいないのが現状です。「そこそこの進学校」程度の高校の生徒なら、目標時間の倍以上かかるうえに、ミスもいくつか犯しているのがふつうです。

しかし、これを見て「こんなこともできないのか」と思ってはいけません。その生徒は消しゴムを使わない計算練習など、やったことがないからです。そして、計算練習の機会を奪ってきたのは大人たちだからです。はじめてのことをいきなり「やれ」と言われて、できることを期待するほうが無茶というものです。

新しい事項を習得するには、**計算方法をじっくり理解し、「計算例」を再現することから始めなければなりません。**

というわけで、最初は計算過程をていねいに書いて、すべてに正答することを目標にするべきです。このときも、時間はきっちり計ります。

『計算力トレーニング』の場合、過程の書き方は「計算例」として載っていますから、これをそのまま真似ればいいでしょう。

2回目からは、少しでも時間を短縮することが目標です。

最初は10分以上かかっていたのが、2回目は8分、3回目は6分30秒でできた。

こういう体験には、達成感が伴います。ゲームのスコアが上がっていくのと同様、楽しさを感じられる過程です。たとえば、「マリオカート」のようなゲームの「タイムアタック」と同じことをしているわけですから。

1つのステージで目標がクリアできたら、次のステージに進む。

この繰り返しで、数学や理科の基礎となる計算力が身につくのです。

なお、自己流のやり方でクリアできそうなら、「計算例」の手順にこだわる必要はありません。

3 基礎力を固めるために、あえて複雑な問題をやる

なんとなく計算方法はわかるけど、少し複雑になると手も足も出ないという生徒が増えています。こういった生徒は、基本的な計算についても自分が何をやっているのかよく理解できていません。

それは、計算手順を説明させようとすると、よくわかります。何も答えられませんから。

こうなってしまった原因は、計算をこなす量自体が少ないうえに、複雑なものはやらなくてもよいという現行の教育課程にあると私は考えます。

やはり、複雑な応用問題を扱う時間が必要です。

ある程度複雑な問題を扱ってこそ、基礎とされる内容が理解できることもあるのです。

4 何度やっても時間内にできそうにないときは、参考書で理解する

生徒によっては、『計算力トレーニング』をやっていて、どうも時間がかかりすぎている、このペースでは目標時間をクリアできそうにない、ということもあります。

この場合、おもに基本となる概念を理解できていないことが原因のようです。「比・割合」「文字式」といった事項をよくわかっていないため、自分がやっていることの意味をつかめないでいるのです。

「できそうにもない」という症状が見られたら、くわしく解説した参考書を先に読ませるほうが、結果的には早くクリアできるでしょう。以前の学習内容に問題がありそうなら、

そこまでさかのぼってやり直す必要があります。

中学内容の数学をわかりやすく解説した本としては、**『語りかける中学数学』**（ベレ出版）という本がおすすめです。小学校内容の復習が必要なら、**『学ぼう！算数』シリーズ**（数研出版）や**『小河式３・３モジュール』シリーズ**（文藝春秋）がいいでしょう。

おすすめ教材

◉高校受験用

『高校入試突破 計算力トレーニング』
（桐書房）

◉大学受験用

『大学入試・センター突破 計算力トレーニング』の上下巻
（桐書房）

◉中学受験用

『中学受験基礎ドリル』算数
（文英堂）

02 国語の漢字をできるようにする

漢字の学習といえば、書き取りをイメージされる方が多いように思います。

1つの漢字を何十回もノートに書くようなやり方が、一般的な「漢字の学習」と思われているかもしれません。きれいな字を書くこと自体が目的であれば、その認識は間違っていません。

しかし、読解や作文の基礎として漢字やことばを身につけるには、それだけでは不十分です。単純に漢字を覚えるということのためにも、「ひたすら書く」というのは効率がよくありません。

まずは十分読めるように、そして書いていることばの意味を言えるようにすることから始めるべきです。

同じ「書く」でも、ただ書き写すのと、意味をイメージして書くのとでは大違いです。多くの人は、読み方や意味と漢字の形を結びつけることで記憶しています。しかし、それは無意識的に行う、あまりにも当たり前のことなので、覚えられない人のことを理解しにくいのです。

「なんでこの人は、こんなに書いているのに覚えられないのだろう？」――これから示すのはその解決策です。

1 意味を考えながら、例文を繰り返し読む

漢字の読みと意味を覚えるのは、それほど時間のかかる作業ではありません。意味を考えながら例文を読む。これがすらすらできるようになるまで繰り返すだけです。

ただし、最初の段階で意味がわからないと、このプロセスは機能しません。わからない

たびに辞書を引かせる手もありますが、それでは時間がかかりすぎていやになってしまう生徒もいます。

ここは、**『漢字スタートアップ』シリーズ**（現文舎）のように、**最初から意味が併記されたテキストを使うのがよいでしょう。**

これなら、30分あれば100個や200個は簡単に進められます。ただし、併記された意味を見てもわからないようなときはフォローが必要です。

見開き単位ですべてすらすら読めたら次に進む、というのを繰り返し、5から10単位進んだら総復習に移ります。

この復習時には、**読み方や意味で迷うものだけに印をつけておきましょう。**

あとで見直すときに印がついたものだけを繰り返せば、あっという間にことばの知識が増えていきます。

2

意味を自分のことばで言い換える練習をする

ある程度、暗記が得意な学習者だと、意味もテキストのものを丸暗記してしまうことがあります。しかし、これでは時間がかかりすぎますし、知識としても応用がしにくいものにとどまります。

「自分のことばで言う」、あるいは「簡単なことばに言い換える」訓練が有効です。

この段階は、人によっては書き取り以上に苦労することがあるかもしれません。しかし、「自分のことばで説明する」というのは、コミュニケーション能力の基本です。試験で点数をとるためだけでなく、実生活でも必ず必要になってくる力と言っていいでしょう。

この過程をきちんとこなすか、できないまま流してしまうかで、その後の伸びが大きく変わってきます。

3

手が自然に動くまで、からだで覚える

先に、読みと意味をマスターしておけば、書き取りは最初からある程度できることになると書きました。というのも、そもそも「書き」の問題で出題される漢字は、「読み」で出題されるものより易しめなのです。

それでも、あまりに書けないものだらけのときは、少しレベルを下げたテキストから入るといいでしょう。

ある程度書けるのなら、「書き」はテスト形式で学習します。ここで、**すぐに思い出せないときは、意味から形を考えるのがポイントです。**

意味を考えて正解を出すことができれば、その成功体験により漢字が強く定着します。単調になりがちな書き取りの練習にメリハリをつけられるというメリットもあります。

それでも書けないときは答えを見ますが、できなかった原因によって対処法は異なります。

漢字の形は簡単だが書けなかったときは、まず意味を覚え直します。そして、意味を言ってからその漢字を書くという練習を何度かやります。たとえば、「人に気に入られるよう意見を合わせる」と言ってから「迎合」と書くといった具合です。

だいたいは思い出せたが、形が複雑で思い出せなかったという場合は、単純に5回ほど書きます。ここでできる工夫は、部首名を言いながら書くくらいでしょう。**あとはひたすら、手が自然に覚えるまで、ある意味、からだで覚えていきます。**

4　四字熟語・慣用句も覚える

『高校入試 出る順中学漢字スタートアップ』には、四字熟語や慣用句も収録されています。

これらも、ぜひとも身につけておきたい知識です。四字熟語や慣用句の中には、日本的な物事の考え方が凝縮されているからです。
ことばを知っておくことによって、文章問題の内容を把握しやすくなったり、応用問題の解き方を理解しやすくなったりします。

これらについても、**まず、ことばを見て意味を言えるようにする訓練をします。**ひととおり読んだあと、意味を隠してその部分を自分のことばで言ってみるのです。
これがひととおりできたら、次の段階、つまり**意味を見てことばを答える段階に進みます。**

ここで、**ことばを即答できるまで繰り返せば、国語だけでなく英語や理科・社会の基礎力もつくことになります。**

四字熟語や慣用句を覚えるための注意点として、**「なぜその意味になるのか」を理解する**ことがあります。
たとえば、「心の琴線に触れる」のニュアンスがつかめないなら、「琴線」の意味を調べる必要があります。グーグルやヤフーで検索するだけでも簡単に由来がわかり、知的好奇心を満たす体験ができます。

おすすめ教材

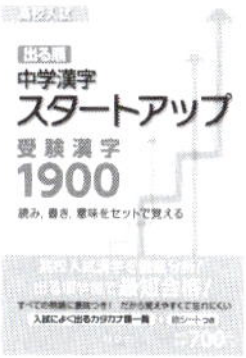

◉高校受験用

『高校入試 出る順中学漢字スタートアップ』
（現文舎）

◉高校生用

『生きる漢字・語彙力』
（駿台文庫）

◉中学受験用

算数と同じ『基礎ドリ』シリーズ（文英堂）の国語（慣用表現・ことば）

03

理科や社会の用語をできるようにする

理科や社会の用語暗記には、典型的なテスト勉強というイメージがあるでしょう。知っていても役に立たない、おもしろくない、頭が悪くなるなどと、ネガティブな見方がされやすい分野でもあります。

しかし、用語とともに覚えた事項は、それ自体が教養として一生の財産になります。社会生活上、人の名前を覚えたり、会社の名前を覚えたり、製品の名前を覚えたりすることは避けて通れません。さらに、学問の世界でも実務の世界でも、その中で活動するためには、「業界用語」に通じている必要があります。

用語暗記は、決して無意味な作業などではないということを、まずは知っておいてください。

1
資料集でイメージをつかむ

アニメやゲームに関してものすごい量の知識を持っている、「オタク」と呼ばれる人々がいます。

彼らが知っているのは、キャラクターやアイテムの名前だけではありません。キャラクターの姿や性格や名セリフ、アイテムの性能や効果的な使用方法まで知っています。作品全体に親しみ、さまざまな要素を実感しているからこそ、膨大な固有名詞を覚えていられるのです。

学校で習う科目に関するオタク、たとえば「歴史オタク」や「生物オタク」と呼ばれる人たちも同じです。歴史上の人物や生き物の名前だけでなく、姿形やエピソードもよく知っています。

受験で必要なだけならオタクになる必要はありませんが、その学習プロセスには学ぶべきところがあります。**用語そのものだけではなく、視覚的・聴覚的なイメージやエピソードもわかっている**という点です。

理科や社会の学習でそういったイメージを持つために利用すべきなのは、まず資料集でしょう。カラフルな図表や囲み記事のエピソードが、用語についての強力なイメージを与えてくれます。

学習マンガを使うのもよいやり方ですが、最近は表現の自主規制のためか、昔のものほどインパクトが強くありません。分野によってはよいものもありますが、やはり資料集を中心に考えるほうがいいと思います。

2 早押しクイズ式に即答する訓練をする

資料集を眺めるだけで覚えられるような好きな科目は、そうすればいいでしょう。でも、全科目をそこまで好きな生徒はなかなかいないと思います。

そこで登場するのが、一問一答形式の問題集のような暗記用教材です。短い設問と、それに対する答えがページ内に記されているというのが典型的です。答えの部分が赤字になっていて、それに赤シートをかぶせて消すという形式のものも多くあります。

それを、**早押しクイズのように即答する訓練が、暗記のためには有効な手段となります。**ただし、そうやって用語だけを覚えようとしても、忘れやすく応用がききにくい知識になってしまうことには注意が必要です。

3 資料集一体型の問題集を使う

資料集だけでは覚え切れない。問題集だけでは忘れてしまう。そこで初学者にお薦めするのが、**『完全攻略』シリーズ**（文理）のような資料集一体型の問題集です。

たとえば、このシリーズの**『高校入試3年間の総仕上げ社会』**では、資料集にあたる「要点のまとめ」に豊富な図表がついています。

❶まずは、これを眺めつつ、まとめの文を読んでイメージをつくります。

❷そのあと、すかさずページ下方の「重要語句」「頻出資料」を即答できるまで繰り返します。

これで、効率よく用語を覚えることができます。

覚えているかどうか確認するには、早押しクイズのように問題文を読み上げてやります。**早押しの要領ですから、すぐに答えられないときは不正解として扱います。**

もし、なかなか覚えられない用語があれば、漢字のときと同様に印をつけておきましょう。あとでその部分だけ確認していくことができます。

また、**用語を繰り返し音読して、聴覚イメージで覚える**のもいいでしょう。

さらに受験直前期には、**付録の「直前チェック」に赤シートをかぶせて、ひたすら繰り返す**という使い方もできます。

おすすめ教材

◉高校受験用

『完全攻略』シリーズ
（文理）

◉高校生用

『これでわかる』シリーズ
（文英堂）

◉中学受験用

『中学入試　実力突破　理科／社会』
（増進堂）

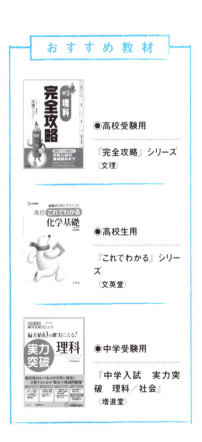

04 英熟語をできるようにする

国語の四字熟語や慣用句に日本的な物事の考え方が詰まっているのと同様、英熟語・構文の中には英語的な物事の考え方が凝縮されています。

熟語を覚えれば、ほかの表現の意味を推測するという意味での応用力がつきます。

この応用力は、コミュニケーションの手段としての英語力でもあります。このため、入試で直接問われる可能性が非常に高くなっているのです。

「文法問題」として熟語自体が出題されることも珍しくありませんが、それ以上に重要なのは、和訳や作文、内容一致選択問題といった配点の高い分野のポイントになることです。

単語や文法と比べて軽視されがちですが、実用のためにも受験のためにも、熟語・構文は非常に重要です。

1 まずは、例文をすらすら訳す

英熟語を覚えるときは、必ず、

例文を丸ごと理解し、使い方まで同時に覚えることが大事です。

どういう場面で使われるのかわかっていないと、いつ使えばいいのかわからないからです。

また、熟語が1つのかたまりではなく離れ離れになっていたり、形が変わったりすることもあります。たとえば、be glad toという基本熟語は、be very glad toという形や、Iが主語であればam glad toという形で使われます。

このため、熟語のみを機械的に覚えても、その熟語が使われていることに気づかなかったりします。したがって、例文を使って覚えるのが熟語暗記の王道になるのです。

ただし、英語の例文は漢字を覚えるときと違って、それ自体が理解しにくいこともあります。「なぜその訳になるのか」とわからないことがないか、必ず確認すべきでしょう。知らない単語があったら、それも調べます。熟語自体がわかりにくいときも、その熟語に使われている単語、**特に前置詞の意味がわかると理解が深まります。**

ここで、理解できたからといって終わってはいけません！

「できた！」と言えるのは、「なぜその訳になるのか」がわかったときではなく、例文をすらすら自力で訳せるようになったときです。

理解したあとなら、**「意味を考えながら音読する」**という漢字の読みと同様の学習法ができます。

2　穴埋め問題として、声に出して繰り返す

例文がすらすら訳せるようになったら、あとは理科・社会の用語暗記の要領で学習できます。つまり、例文にチェックシートをかぶせて即答できるまで繰り返すだけです。

１章分、１５０個の英熟語を何分で答えられるかというタイムアタック形式のチェックもいいでしょう。

ある程度、全体の学習が進んだら、やはり覚えにくいものだけに印をつけて繰り返すやり方が有効です。

このとき、**「すらすら訳せるようになったら」というポイントは非常に重要**です。

考え考えのレベルでは、できるようになったとは言えません。「すらすら」が大事です。

このステップを踏んでいないと、いくら繰り返しても覚えられない可能性があります。

覚えが悪いと思ったら、しつこいくらい「すらすら訳せるか」をチェックしてください。

＊その他の英熟語用参考書について

さらに、「即答できるまで繰り返す」という作法を身につけるための教材としては、**辞書型の単語帳**が使えます。

昔は単語帳といえば、ただアルファベット順や頻度順に並べただけのものが主流でしたが、いまはいろいろと覚える工夫がされています。

中学～高1レベルの単語を収録したものの中では、**『ユメタン』シリーズ**（アルク）が、工夫という点で、ずば抜けています。書籍中で指定されたとおりに、機械的にこなすだけで覚えられる構成になっているのです。

ただ、価格が高いのに、熟語はさらっとしか収録されていないのが欠点です。

コストパフォーマンスという点では、**『データベース』**（桐原書店）や、**『データ分析英単語VALUE』**（数研出版）のようなシリーズのほうがよいでしょう。

覚える工夫としては、テーマごとに単語を集めた程度ですが、熟語も十分な数を収録しています。

『データベース』のような辞書型単語帳でも、理科・社会の用語暗記とほぼ同じ使い方ができます。違いは、音声情報をより重視すべきだということです。

単語を見て意味を言うのではなく、

「単語を発音して意味を言う」というプロセスを、即答できるまで繰り返します。

たとえば、「different」という形とではなく、「ディファレント」という発音と「異なる」という意味を結びつけるのです。

できるだけＣＤを真似て、アクセントを大げさに発音するというのが覚えるコツです。

ただし、『新ユメタン０』や『データベース』のような単語帳に頼りすぎるのもまた危険です。たしかに、基本単語をまとめて覚えるのには便利です。また、受験勉強の最後の仕上げとしてなら非常に有効だと思います。

しかし、読解や作文、リスニングをやらず、単語だけ先にやってしまうのはよくありません。**読解やリスニングでは、個々の単語より全体の文脈から判断することが重要なのです。**

難関校になればなるほど、単語から判断しようとする人が間違うような問題を出してきます。先に単語を完璧に覚えて、それに頼った解釈をするようになると、かなり読解が身につきにくくなってしまいます。

公立高校入試までなら、それでほとんど支障はないのかもしれませんが、少なくとも現在のセンター試験には通用しません。つまり、国公立大学への進学はかなりむずかしくなってしまうのです。

最近の入試傾向では、単語は、次章以降で紹介する**「例文型」や「文脈型」の教材で覚えるほうが賢い**でしょう。

おすすめ教材

◉高校受験用

『**新 Step式 中学英熟語500**』
（受験研究社）

◉高校生用

『**合格英熟語300**』
（ごま書房新社）

将来的に難関大学を受ける人は、『**英熟語ターゲット1000**』（旺文社）や『**ユメジュク**』（アルク）といった本を、初期の段階から、初級部分だけでも先に学習しておくといいでしょう。

第1章のまとめ

▼基本作法「できるようにする」

1 数学の計算をできるようにする

① 適切な目標時間と正答率がついている問題集を用いる
② 最初はゆっくり正確に。満点がとれるようになったら時間内に
③ 基礎力を固めるために、あえて複雑な問題をやる
④ 何度やっても時間内にできそうにないときは、参考書で理解する

2 国語の漢字をできるようにする

① 意味を考えながら、例文を繰り返し読む
② 意味を自分のことばで言い換える練習をする
③ 手が自然に動くまで、からだで覚える
④ 四字熟語・慣用句も覚える

3

理科や社会の用語をできるようにする

①資料集でイメージをつかむ
②早押しクイズ式に即答する訓練をする
③資料集一体型の問題集を使う

4

英熟語をできるようにする

①まずは、例文をすらすら訳す
②穴埋め問題として、声に出して繰り返す

COLUMN 2

進学塾・進学校に入ることの意味

なぜ進学塾・進学校に入ると、「学習の作法」が身につくのでしょうか？

必ずしもそれを教え込まれるから、というわけではありません。もちろん、「作法」を教えてくれる先生もいますが、基本的には、たとえ教えられなくとも自力で身につけていく生徒が多いのです。

その理由としては、「作法」に従わなければ解けない応用問題が多く扱われるということもありますが、私が最大の理由と考えているのは「**学び合う文化**」です。

もしかすると、進学塾や進学校の生徒に対して、「互いに足を引っ張り合うみにくいガリ勉集団」のようなイメージを持ってしまっている方もいらっしゃるかもしれません。しかし、一流と呼ばれる進学校に対してなら、このイメージは誤っています。

一流進学校の生徒は、概して個性が豊かです。誰にも負けないような得意分野を持っている生徒が大勢います。校内でも別格という天才・秀才もいます。多感な時期に「東大に現役合格しそうなクラスメイト」の存在は大きい。彼らは尊敬されています。

そこで出てくるのが、お互いに「ほめる」という行動です。さらに、ほめた相手を「見習う」生徒も出てきます。この**「ほめる」「見習う」**というプロセスによって気持ちよく勉強し、お互いを高めていく。こういう文化が進学校には存在するのです。

身近に尊敬できる人が大勢いる、というのが進学校の最大の強みといっていいかもしれません。

私も、「東大卒のくせに姿勢が低い。もっとプライドを持ってはどうか」と言われることがあります。が、現実にはラ・サールや東大卒であるからこそ謙虚なのだと思います。自分などより、よほど優秀な人が周囲に大勢いたからです。

もし私が、それほど進学実績のない地元の高校に通っていたら、傲慢でどうしようもない人間になっていたかもしれません。

進学校に通っていなくとも、「学習の作法」さえ身につけてしまえば、難関大学に合格することは可能です。しかし、進学校に通うことは、「作法」を身につけるための近道です。そして、進学校で身につけた謙虚さは一生の財産になります。

進学校に通えないような事情があるなら、何とかそれに代わるような「ほめる」「見習う」ことのできる環境を用意してあげたいものです。

第2章

習得作法
「できることをさらに繰り返す」

この章では、学習の次のステップとして、基本的な習得作法「できることをさらに繰り返す」の具体的な方法を教科ごとにお伝えします。

「できることをさらに繰り返す」というのは、野球の練習で素振りをしたり、ピアノで繰り返し練習曲を弾いたりするようなやり方です。**一度できたからといって、そこで終わりにしないという特徴があります。**

おもに、例文や文章の音読で用いられる作法です。かけ算の九九のように、ゴロを繰り返し唱えたり聞いたりして、基本事項を定着させることもできます。

「できることをさらに繰り返す」学習の作法のポイントは、序章で紹介したものを含めて、次の5項目があります。

❶すらすら読めるようになっている

❷本文を見ずに、あらすじが言える

❸意味を把握できている

❹ことあるごとに繰り返す

❺イラストだけを見て、内容を英語で言う

定着するくらい繰り返した人は、例外なくすらすら読んだり暗唱したりできます。「さざんが、9、さんし……なんだっけ？」というようなことにはなりません（❶）。

繰り返し読んだ結果、しっかり頭に入っていれば、本文を見ずともあらすじくらいは言えるようになっています（❷）。

また、よくできている人は自分が読んでいる文章の意味もしっかり把握しています。たとえば、漢詩を読んでいるとき、頭の中には現代語訳やイラストが再現されているのです（❸）。

また、音読するのは宿題に出されたときだけではありません。何かの拍子にふと思い出して暗唱したり、テストのたびに毎回音読したりと、**できる生徒は、できることをさらに、ことあるごとに繰り返している**ものなのです（❹）。

英語で繰り返し音読した内容について、今後の入試で重視される「**話す力**」にまで高めるためには、音読時とは逆に、**イラストを見て内容を再現するのが有効です**（❺）。

この章では、「できることをさらに繰り返す」作法がもっとも求められる国語の音読と、英語の例文暗記を中心に取り上げます。

作法としては、ひたすら繰り返すことに尽きますので、ここで重要になってくるのが、**「何を繰り返すか」**。つまり、テキスト、参考書です。

したがって、本章では、小学校の高学年（英語は中学）から大学受験まで、レベルごとに、具体的にお薦めする参考書をあげて、それを中心に習得作法を説明していきます。

01
現代文・古文・漢文の音読を繰り返す

最近は、多くのところで音読の重要性が指摘されています。「集中できる」「コミュニケーション能力の基礎になる」「感受性が豊かになる」など多くのメリットが語られます。

受験勉強においても、「記憶しやすくなる」「理解が早くなる」という点が非常に大きなメリットになります。音声情報が加わるというだけでも記憶の手がかりが増えて、定着しやすくなるのです。

さらに声に出して読むということで、野球の素振りやピアノの練習曲のように「からだで覚える」という効果もあります。英語では、速読やリスニングの基礎にもなります。

1

とにかく、繰り返し音読！

文章を音読するといっても、最初からなかなかうまくできません。特に、中学生くらいまでは、現代文でも読み方のわからない漢字があると、そこで止まってしまいます。間違えてもよいから、とにかく読んでしまうというのも手ですが、それにも抵抗を感じる生徒が多いようです。やはりはじめのうちは、適切なルビつきの教材を使うべきでしょう。

この観点から、小学校から中学校の音読テキストとしてお薦めするのが、**『ほんとうの「国語力」が身につく教科書』**（Z会国語力研究所）です。エッセイや評論、詩など、さまざまなジャンルのおもしろい文章を集めたもので、ルビをつけてあります。題材は多くが文庫や新書からとられていますから、気に入ったものがあれば、全文をあらためて読むこともできます。

学習のコツは、**最初はつっかえながらでよいから、とにかく何度も音読すること。**

たいていはそれだけで上達しますし、何度か続けて間違うようなら、そこが弱点ということになります。

2 意味を把握する

何度か読んでみると、どうにもよく意味がわからないとか、つっかえやすいという箇所が出てくるでしょう。そういう箇所が出てきたら調べます。

単に見慣れない表現で読みにくいのなら、その部分だけ繰り返し音読します。そして、ある程度すらすら読めることを確認したら、再度、全体を通して音読という作業に進みます。

これは、ピアノの練習と同じです。ほかの部分と比べてむずかしく、なかなかうまく弾けない箇所というのが必ずあり、その箇所は特に繰り返し練習することになります。

同様に、**わからないところをつぶしていくのが音読上達のコツです。**逆にそこさえつぶせれば、実力に対してややむずかしい内容もこなせるようになります。

ピアノを習ったことはなく、楽譜もほとんど読めないが、「ねこふんじゃった」なら弾けるという人が大勢いるのはその証拠でしょう。

「ねこふんじゃった」は、技術的にはそこそこむずかしい曲ですが、結構な数の人が、単純に練習を続けることで弾けるようになっています。「ねこふんじゃった」を覚えるように文章のレパートリーを増やしていけば、自然に国語全体が得意になるでしょう。

さて、これは、小中学生に大人が指導する場合のご注意ですが、わからないことばというとき、「大人は当然知っているが、子どもにはわからない」ようなものに気をつける必要があります。

子ども側がわからないことに気づいて調べたり質問したりしてくれればよいのですが、「わからないということに気づかない」子もいます。

『ほんとうの「国語力」が身につく教科書』で、最初に収録されている『坊っちゃん』の冒頭部分を例にとると、この場面に出てくる「小使（おこづかいのことではありません）」「いささか」「質屋」といったことばの意味を知っている子どもは多くはないはずです。

大人がそういうことばに気がついたら、「どういう意味かわかる？」と確認してあげることで、より理解が深められるようになります。

また、ある程度文章が読めるようになったら、**書かれた時代や舞台となる地域などについて話し合ってみることも効果的です。**

『ほんとうの「国語力」が身につく教科書』の場合、ページ下段に解説がありますので、それをもとにすればいいでしょう。背景を知ると、文章をよりよく理解し、また興味を持つことができます。

3

そして、また繰り返す

背景を知った段階では、文章はほぼすらすら読める状態かと思います。そのあと、1、2回読めば、もうすらすら読んで理解することができているでしょう。

しかし、音読はそこで終わりではありません。

これは野球の素振りと同様です。1回うまく振れたからといって終わりにはせず、その状態でスイングを続けて感覚をつかむのです。

内容を理解し、背景をイメージできる状態で、すらすら音読する。

この段階を踏むことで、ほんとうにその文章を自分のものとすることができます。

4

読解や作文力につなげる

文章を「ものにできた」と言えるほど繰り返し読んだら、それについての感想や続く展開の予想を考えてみます。親御さんが指導する場合は、お子さんに聞いてみてください。

「『坊っちゃん』みたいな人が周りにいたら怖い」というような簡単なものでもかまいません。ただし、聞いて終わりにせず、さらにその根拠まで引き出すことができれば、より大きな力になります。

「坊っちゃん」が怖いと言われたら、「どういうところが怖い？」と質問を続け、「ナイフの切れ味を実演するところ」とでも引き出すことができれば成功です。

より応用的なのは、その後の展開を予想させることです。

たとえば、「学校で暴れる場面が続きそう」という意見を引き出せれば、それだけでもかなりの収穫です。さらに「その根拠は？」と聞いて、「無鉄砲で家や庭での武勇伝が書かれていたから」というような答えが返ってくればベストでしょう。

なかなかそこまではできないかもしれませんが、教える側が例をあげたりしてなんとか引き出せれば、**論理的思考力の養成になり、読解や作文の力も大きく向上します。**

5

あらすじを言ってみる

音読を繰り返したあとに、あらすじを言ってみることで理解度の確認ができます。

ただ、いきなり「あらすじを言ってみろ」と言われても、なかなかうまくいかないことが多いと思います。がんばって本文のほぼ全体を言おうとしてしまったり、本筋から外れているが印象が強い表現に集中してしまったりしがちです。

くわしくは後章でも説明しますが、**「誰が何をした」という「場面」を段落ごとに言えるかどうか試す**というのが適切だと思います。

言ってもらいたいのは、『ほんとうの「国語力」が身につく教科書』の「坊っちゃん」であれば、「無鉄砲な主人公が2階から飛び降りるシーン」「主人公が自分の指でナイフの切れ味を試してみせたシーン」「盗みに入った大柄な相手を悪戦苦闘の末にねじ伏せたシーン」程度の内容です。

かなり応用的な学習になりますが、これをもとに表現力を大きく伸ばすやり方も紹介しておきましょう。

それは、**あらすじとして取り出した設計図をもとに、自分なりのキャラクターや時代背景に当てはめて物語を書いてみる**というものです。

たとえば、「盗みに入った大柄な相手を悪戦苦闘の末にねじ伏せる」シーンなら、「泥棒だと思って跳びかかった相手がクマだったが、そのまま撃退してしまった」シーンとして書いてみる。展開は、本文を見ながらなぞってもかまいません。

また、主人公が「坊っちゃん」ではなく、「嬢ちゃん」や「爺ちゃん」、あるいは「ワンちゃん」だったらどういうシーンになるか、といったテーマを与えてみるのもいいと思います。

すべての課題文についてやっている時間はないでしょうが、**今後の入試の傾向を考えれば、特に気に入った作品についてはぜひやってみてほしいです。**余談になりますが、昨今のライトノベルブームで、キャラクターや世界設定のつくり方については、ネット上の情報が非常に充実しています。

おすすめ教材

◉小中学生用現代文

『ほんとうの「国語力」が身につく教科書』
（Z会国語力研究所）

中高生の古文・漢文習得作法

古文や漢文を繰り返し音読することは、現代文と比べてもより有効な学習法です。古文や漢文の言い回しに慣れることで、読むスピードも理解するスピードも大きく向上するからです。

さらに古文や漢文の文章は、いまの常識では考えられないような展開をすることがよくあります。たとえば、古文では、「歌を詠んだら仏が願いをかなえてくれた」「左遷されたのは前世のせい」など、唐突と思えるような展開が定番です。

こういうのを**「古文常識」**といいます。「古文常識」の知識のみを解説した参考書というものもあるのですが、それだけ覚えてもそれほど効果はありません。

実際の文章中で、「古文常識」に基づいた「超展開」に慣れてこそ、試験で使える知識になります。

東大や早稲田大の古文では、一見やさしそうだが正答するには古文常識の知識も必要という設問が頻出しています。

おすすめ教材

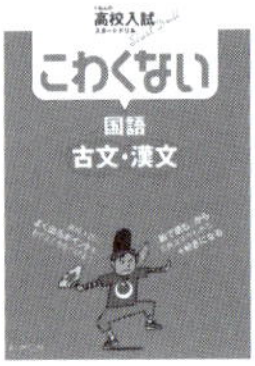

◉高校受験用

『こわくない　古文・漢文』
（くもん出版）

◉高校生用

『高校とってもやさしい古文』
（旺文社）

◉高校生用

『三羽邦美の漢文教室』
（旺文社）

＊古文・漢文の参考書について

古文や漢文の音読でも、場面やことばの意味を十分に把握しておく必要があります。また、特に古文では理解するために最低限の文法や単語の知識が必要になります。

そうしたことを踏まえると、読み込み教材としては、やはり十分な解説がついたものがふさわしいでしょう。

高校入試対策としては、古文と漢文が1冊に収録されている**『こわくない　古文・漢文』**（くもん出版）が便利です。本文への解説に加え、場面をイメージするためのマンガまでついており、苦手な人でもスムーズに進められます。

高校基礎レベルでは、**『高校とってもやさしい古文』『三羽邦美の漢文教室』**（ともに旺文社）がいいでしょう。文章を理解するために最低限必要な知識が非常にわかりやすく解説されています。

古典は苦手な人の多い科目ですが、早めにこれらを読み込んでおけば、学校の授業もかなりよくわかるようになると思います。

センター試験だと漢文はやさしいので、ここまででもかなり対応できますが、古文はもう少し多くの文章を読んでおきたいところです。このレベルでは参考書もたくさんありますが、1冊選ぶとしたら、問題集にもなっているもののほうがいいでしょう。

たとえば、Z会の**『古文上達 基礎編 読解と演習45』**は、適度な設問とポイントをおさえた本文や古文常識の解説がついていておすすめです。

02 英語の例文暗記を繰り返す

英語の総合力を向上させる例文暗記は、いまや定番中の定番の学習法です。

難関中高一貫校や平岡塾のような名門塾では伝統的に採用されてきましたが、マンガ『ドラゴン桜』（講談社）でも紹介されたことなどから、また広がっています。

例文暗記の効用は、

❶第一に、英作文で同じ形の文をつくれるようになることです。「**英作文は英借文**」などと、これが英作文学習の王道であると主張する指導者もいるほどです。

❷英作文の力をつければ、文の空所に適切な単語を入れる問題や、単語を並べ替えて正しい文にするような問題にも強くなります。

❸さらに、読解やリスニングにもかなりの効果があります。覚えた例文と似た表現の文を読んだり聞いたりしたとき、瞬時に意味をとれるようになるのです。

1 意味を理解する

「例文暗記＝作文対策」というイメージが強いからなのか、いきなり英文を覚えようとする人も多いようです。しかし、効率よく暗記するには、正確に理解するという段階が欠かせません。

英文においては、国語とは少し異なり、**文の構造を把握する、つまりなぜその意味になるのかを理解するのが先決です。**

ある単語が訳のどの部分にあたるのか。ある単語とほかの単語はどういう関係なのか。主語と述語なのか、修飾語と被修飾語なのか。そういったことを理解しないままでは、例文を長期的に使える知識にはできません。

このため、使用する例文集としては、文の解説が十分ついているものが望ましいでしょう。高校入試対策としては、『99パターンでわかる中学英語文型の総整理』（学研プラス）がおすすめです。

ときどき、「訳は覚えたが、どうもピンとこない」という生徒がいます。たとえば、よく質問が出てくるのが「間接疑問」です。

『99パターン』の終盤に、「I don't know where Saori is.（私は佐織がどこにいるか知りません）」という文がありますが、これを説明するときに、「直訳すればこうなっている」、whereは「場所」という意味で、Saori isがwhereを修飾している、と言ってやると、たいてい理解してもらえます。

文法の基本がいまひとつよくわかっていない場合は、『東大生が書いた　つながる英文法』（ディスカヴァー）が役に立ちます。

2

すらすら訳せるようにする

例文がなぜその訳になるのか理解できたら、次に、英文を日本語に訳す練習をします。

すらすら訳せるようになるまで繰り返すというのが、例文暗記最大のポイントと言っていいかもしれません。

「なぜその訳になるのかの理解」を頭での理解とすれば、「すらすら訳せる」というのはからだでの理解。反射的にこなせるようになったプロセスだからこそ、逆からも再現できるようになるわけです。

例文を見てから訳を言うまでに「えーと、なんだっけ……」という状態のうちは、丸暗記に入っても効果は薄いでしょう。

反射的に訳せるようになるまで、「英語→日本語」の練習を続けましょう。

3

大げさなイントネーションで、音読を繰り返す

意味がわかって、反射的に訳せるようになったら、いよいよ音読を繰り返します。音読を繰り返すのは、音声情報として記憶する、また英語そのものを「からだで覚える」ためのプロセスです。

一文ずつ、英文を見ながら繰り返し唱えます。ある程度慣れてきたら、例文を見ずに唱えます。

この段階では、唱えれば意味も自然についてくるはずですから、読解力も向上します。九九を覚えるように、舌と唇の動きを覚えるくらいにひたすら唱えてください。

このとき、**付属CDの読み方を参考に、アクセントや音の高低、特徴的な音**（ヴやスィ

など）を大げさに再現するのがコツです。

むずかしく考えずとも、「CDを真似する」というだけで、かなり記憶しやすくなります。私自身、教科書の英文でCDの発音があまりに特徴的だったので覚えてしまったという経験があります。

「Mike! Ken is here!(マイク、ケンが来たよ！)」というだけの文だったのですが、「マぁあイク！」と「アイ」のところで声が裏返っていたのがおもしろくて、それだけでいまでも覚えているほどです。

4 「瞬間英作文」を繰り返す

ここまで音読を繰り返して、ようやく英文そのものを覚える練習に入ります。

「覚える」といっても実際は、日本語訳を見て英文を言うことになります。

つまり、今度は日本語を見て反射的に英語を言う練習です。最近は、「**瞬間英作文**」とも言われているようです。

CDを聞いて、英文が流れる前に唱えてしまうというやり方で、簡単に練習ができます。最終的なチェックテストをこなすことも可能です。

『99パターン』を覚えた段階で、ふつうの公立高校入試問題の文法や作文の問題は、ほとんど解けるようになるでしょう。

おすすめ教材

◉高校受験用

『99パターンでわかる中学英語文型の総整理』
（学研プラス）

＊その他の例文教材

大学入試レベルの例文教材としては、**『英語構文基本３００選』**（駿台文庫）がいいでしょう。それぞれの例文に、通常訳だけでなく直訳もついているのが特徴で、初見時の理解がかなり助けられるからです。

英語が苦手な高校生の基礎固め用としては、**『フォレスト　音でトレーニング』**（桐原書店、在庫僅少）が便利。暗記用のステップ問題や音声が充実していて、使い勝手なら単独でもかなり優秀です。

学校で『フォレスト』を渡されているなら、ぜひ補助教材として活用してください。

例文形式の単熟語帳は、「瞬間英作文」の段階で、「英語↓日本語」のチェックを加えることで、複数の単熟語をまとめて記憶できます。

高校入試対策としては、**『高校入試　短文で覚える英単語１９００』**（文英堂）がコストパフォーマンスに優れています。センター試験レベルでは、**『ＤＵＯセレクト』**（アイシーピー）という本があります（別売りのＣＤが高価なのは難点ですが）。

03
英語の読み込みを繰り返す

読み込みの作法の前に必要な3つの大前提

英語の学習作法として、英熟語を覚える作法、例文を繰り返す作法をあげましたが、次のステップとしてあげておきたいのは、長文の読み込みを繰り返す作法です。

言うまでもなく、長文読解は、高校入試であれ、大学入試であれ、多くの入試で高い配点を占めます。

日ごろから、読み込みの訓練をどれだけしてきたかが合否を分けます。それだけに、作法に基づき、効果的な学習を行っていくことが望まれます。

これから、読み込みの作法をお話ししますが、その前に、大前提となるポイントを3つあげておきます。

❶英語の長文を理解するには、まずそれを構成する短文一文ずつを理解できなければなりません。

スムーズに読むためには、**スムーズに短文を読めている必要があります。**つまり、長文読み込みの大前提の最初は、例文暗記です。

高校入試レベルでいえば、先にあげた『99パターン』を覚えていればだいじょうぶでしょう。『99パターン』の暗唱ができる人は、すでに英語のリズムをつかんでいます。

大学入試レベルになると、もう少し複雑な英文も理解できることが前提になります。後述する「構造把握」の作法を身につけるのが先決ですが、いずれにせよ、長文読解のためには、まずそれぞれの文を理解する訓練が必要だということです。

❷次のポイントは、**英語がわからないのか、中身そのものが理解できないのか、**をチェッ

クするということです。

高校入試レベルまでなら、英語長文に登場する話題やことばも易しいものが多いのですが、場合によっては、中身そのものがうまく理解できないこともあるのです。

たとえば、アメリカでは高校を卒業したら家を出ることが当たり前とされています。実家に住み続けるなら、家賃を払うというのも一般的だそうです。こういった日本の常識とはまったく異なる文章に出会ったとき、内容がうまく理解できない生徒もいるのです。

大学入試レベルとなれば、日本語の訳を読んでもむずかしいという文章も出てきます。先に訳をひととおり読んで、それを理解できるか確かめておくことです。

❸次のポイントは、**とにかく量を読みこなす**ことです。たとえば、「接続詞に気をつけよう」といったコツは確かに存在しますが、そうしたコツを身につけるにも、結局は多くの文章を読むことが不可欠です。

これにより、まず読むスピードが速くなります。したがって、さらに読み込める量が増えます。

それにより、❷にあげたような「中身そのものが理解できない」ということはかなり減ります。英語長文によく出てくる話題や、時事問題などに慣れてくるからです。実際の入試対策でもある「初見の文章を読む練習」にもなります。

また、読み込むためには、英単語・熟語を覚えておくことが必要ですが、逆に、**読みながら、前後関係から英単語・熟語を覚えていく**ことにもなります。

この効果から、Z会の『速読英単語』シリーズをはじめ、多くの「読み込み型単語集」が発売されています。

では、これから、読み込みの具体的な学習法をご紹介しましょう。

1 訳との対応を理解する

まず、訳をざっと読みます。そして、ひととおり理解できることが確認できたら、いよいよ長文を読んでいきます。

最初の1回は、できるだけていねいに読みます。

このとき、例文暗記でやるように、**訳と対照し、「なぜその訳になっているのか」を理解します。**

直訳がついていると、かなりスムーズに進みます。高校入試レベルなら、それだけでほとんどの文章は理解可能です。

そこで、高校入試用テキストとしてお薦めするのが、**『実戦！英語長文はこう読む!!』**（富士教育）です。このテキストは、読み込みの学習に必要な3つの要素を満たしています。

その要素とは、次のとおりです。

❶十分な量の英文が収録されている。

❷訳のページでは、直訳（区切り訳）と通常訳（通し訳）の両方が見られる。

❸英文ページでは、語句や構造が簡潔にわかりやすく解説されている。

2

繰り返し読む

文章を理解できたら、いよいよ「読み込み」に入ります。「理解できたところで終わり」ではありません。むしろ、ここからが本番です。野球の素振りやピアノの練習曲のように、**できる状態で繰り返すことに意義があるのです。**

いきなり速く読もうとする必要はありません。ゆっくりでもいいので、**意味的な区切りをなめらかに音読するということが重要です。**

『実戦！ 英語長文はこう読む‼』のような教材には、最初から区切りごとにスラッシュが入っています。このスラッシュ内でつっかえるようなところがなくなる、というのが差し当たりの目標になります。

スラッシュ内で止まるようなことを繰り返すなら、その部分に印をつけておきましょう。そこを繰り返し読み、意味を思い出すことで、弱点が消え、より英語に強くなっていきます。

このプロセスでも、速く読もうとするあまり、ぶつ切りの音読になってしまう生徒が出てきますが、私は「あわてる必要はない。ゆっくりでもなめらかに読むべき」と根気よく指導することを心がけています。

ゆっくりでも、なめらかに繰り返せばできるようになる。これも先にあげた「ねこふんじゃった」を覚えるのと同じです。「ねこふんじゃった」は繰り返しているうちに、相当速く弾ける人も出てきます。

英語の音読も、読める文を繰り返し読むことで上達するのです。

3 単語を覚える

文章に知らない単語が多い場合、読んでいても「この単語の意味は何だっけ？」と、立ち止まってしまうことが多くなります。そういう文章では、先に「語句」を覚えてしまうほうがいいでしょう。

このときのやり方は、単語帳での学習と同様、**「発音して意味を即答する」**ことです。**先に単語の発音と意味を結びつけておく**ことで、文章を音読していくときにも素早く思い出すことができます。

単にその文章が読めるだけではなく、出てきた単熟語を覚えるというのも、「読み込み」の重要な役割なのです。

4 すらすら読めても、さらに繰り返し読む

スラッシュ内をなめらかに読む練習や、単語の暗記ができたら、すらすら読めるようになっているはずです。個人差はありますが、ここまでに5回くらいは読んでいることになるでしょう。

しかし、ここで終わりにしては、読み込みの効果が十分に出ません。
すらすら読めるようになったら、そのまま最低3回は繰り返し読むことがポイントです。

できれば10回、20回と繰り返したい。

そうすることによって、スイングのフォームやピアノの指使いをからだで覚えるのと同じように、**感覚的に理解できる英語が増えていくのです。**

意味内容の区切りごとについているスラッシュは、ここでも非常に役立ちます。たとえ、訳を思い出すにしても通常の日本語とは違う語順で理解する、つまり英語の語順のまま理解することができます。

この回路が身につけば、読解は飛躍的に速くなりますし、リスニングでもかなりのスピードについていけます。また、英語のニュアンスをより深く正確に理解することにもつながります。最近は、こうした回路のことを「**英語脳**」と呼んだりするようです。

CDつきの教材なら、**いちばん速い音声だけで理解できたかが、この段階をクリアすることの目安になる**でしょう。

＊大学入試レベルのおすすめ教材

一般的な大学入試レベルでは、『東大英語長文が5分で読めるようになる 英単熟語編』（語学春秋社）がイチオシです。

ＣＤ－ＲＯＭのガイダンスに従って学習するだけで、この項で示した作法が習得できるという抜群の使い勝手を誇っています。

タイトルは「東大」となっていますが、収録されている文章の内容はそれほどむずかしくありませんので、長文読解が中心になるレベルの大学を目指す人には広く薦められます。ただし、英文の構造に関しての解説はくわしくありません。第４章で述べる「構造把握の作法」を身につけていることが使用の前提となるでしょう。

東大や早慶の経済系学部を目指す上級者には、『速読速聴・英単語 Core 1900』（Ｚ会）がおすすめです。

この本にも「読み下し訳」と「通常訳」の両方が収録されており、構造解説もこれを使うレベルの方には十分。付属ＣＤのFastスピードはかなり速く、東大リスニングの対策にもなります。

また、扱われているのは、おもにニュース英語なので、これらの大学で出題されるような文章に前もって慣れておくことも可能。テーマに加え、収録されている単熟語もさすがZ会というべきか、かなり実戦的です。

おすすめ教材

◉高校入試用

『実戦! 英語長文はこう読む!!』
（富士教育）

◉大学入試用

『東大英語長文が5分で読めるようになる英単熟語編』
（語学春秋社）

◉難関高校入試・高校基礎用

『キクタンリーディング【Entry】2000』
（アルク）

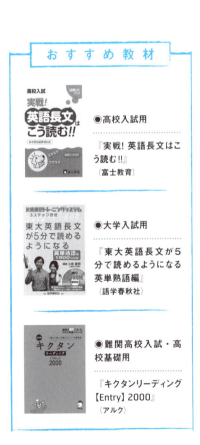

なお、同じように時事英文が出題される国家公務員試験などへの対策としてもかなり有効で、定番書とされています。さらに、テーマやスピードに慣れるという意味では、TOEICの対策としても有力な選択肢だと思います。

余談になりますが、最近の大学入試英語はTOEICにかなり近い性質のものが増えており、形式がまったく同じ問題もあります。

5 イラストを見て英語を言う

日本人は英会話ができないとよく言われてきましたが、キリスト教系など一部の中高一貫校出身者には、それがほとんど当てはまりません。

文法や読解も含めて、単純に英語の授業時間数が多いからというだけでなく、伝統的にネイティブスピーカーの教師によるオールイングリッシュの授業を常設してきたからだと思います。

オールイングリッシュの授業に適応すると、必然的に英語に触れる量が多くなるだけでなく、日本語を介さずに説明を理解したり質問に答えたり、という頭の使い方をするようになるからです。

もちろん、オールイングリッシュの授業さえ受ければ英会話ができるようになるわけではありません。多くの生徒が英語を話せるようになる学校では、ここまで説明してきた読み込みや例文暗記といった訓練も盛んに行われています。

そのうえで、日本語を介さない頭の使い方を促すような授業も受けているという点を強調しておきたいと思います。

さて、日本語を介さない頭の使い方を身につけるためには、必ずしもオールイングリッシュの環境は必要ありません。意識的にそうするトレーニングを積むことで、海外経験がなく、また外国人の知り合いがいなくとも、英語を話すことはできます。

もっとも手ごろと思われるのが、イラストや写真つきの教材を使うことです。

単語を見たり聞いたりしたときに、日本語訳ではなくイラストや写真をイメージする。また、そのイラストや写真を見て、対応する英単語を即答する訓練です。

そのための教材としては、小学生〜中2くらいまで向けなら、『**小学英語スーパードリル単語練習帳**』『**Longman Children's Picture Dictionary**』などの参考書がいろいろ出ています。

高校入試レベル以上のものでは、『**Oxford Picture Dictionary**』がおすすめ。このトレーニング目的であれば、アプリ版が非常に使いやすいですし、紙の本やCDと比べてかなり安く手に入ります。

単語単位だけでなく、まとまった内容を言ってみる実戦的な練習には、『**英語リプロダクショントレーニング　入門編**』（DHC）が使いやすいです。

読み込みから日本語を介した練習を経て、最終的には絵だけを見てストーリーをまるごと英語で言ってみるという構成になっているので無理がありません。これを一冊こなしておけば、英検などのスピーキングを含む試験の対策もスムーズにできるでしょう。

おすすめ教材

◉初心者用

『Longman Children's Picture Dictionary with CDs』
（ピアソン・ジャパン）

◉高校入試〜大学入試レベル

「アプリ版　Oxford Picture Dictionary」

◉英検など面接試験向け

『英語リプロダクショントレーニング　入門編』
（DHC）

第2章のまとめ

▼習得作法「できることをさらに繰り返す」

「できることをさらに繰り返す」とは、

①すらすら読めるようになっている
②本文を見ずに、あらすじが言える
③意味を把握できている
④ことあるごとに繰り返す
⑤イラストだけを見て、内容を英語で言う

1

現代文・古文・漢文の音読を繰り返す

①とにかく、繰り返し音読！
②意味を把握する
③そして、また繰り返す
④読解や作文力につなげる
⑤あらすじを言ってみる

2

英語の例文暗記を繰り返す

①意味を理解する
②すらすら訳せるようにする
③大げさなイントネーションで、音読を繰り返す
④「瞬間英作文」を繰り返す

3

英語の読み込みを繰り返す

①訳との対応を理解する
②繰り返し読む
③単語を覚える
④すらすら読めても、さらに繰り返し読む
⑤イラストを見て英語を言う

COLUMN ❸

中学入試と高校入試、大学入試の難易度

第1章（97ページ）でとり上げた『中学英熟語500』は高校入試向けの本ですが、収録されている熟語のレベルは高校生用のものと比べても遜色ありません。センター試験程度なら、ほぼカバーできているといえるほどです。

中級・上級の「Review」を見るとよくわかるのですが、これらの熟語は灘や開成、早慶の付属校など、最難関レベルの高校入試問題からとられています。これらの高校入試の英語の問題は、下手な大学入試よりよほどむずかしいということです。

国語だと、難易度上位の中学校の入試が一般的な公立高校のそれと比べ、かなりむずかしくなっています。灘中やラ・サール中のレベルともなれば、ふつうの中3生なら読みこなすだけでも、かなり苦労することでしょう。記述問題の量や答えにくさについても、高校入試のそれよりはるかに上といっていいと思います。

あとの章で触れる『受験国語の読解テクニック』（文英堂）は、終盤になると、この

レベルにあたる問題が収録されています。はじめて見る方は驚かれるかもしれません。

実は、求められる社会の知識レベルについても、トップクラスになれば中学入試のほうが公立高校入試のものより高くなっています。

中学受験で理科・社会の用語暗記用教材としては、サピックスの『コアプラス』や日能研の『メモリーチェック』がよく使われています。これらは、同じ目的で使われる『完全攻略』シリーズのような公立高校入試向け教材と比べて明らかに分厚いうえに、記述問題への対応など応用度が高くなっているのです。

本書では、高校生向けの教材としても、高校入試や中学入試用とされるものを薦めていますが、こういったレベルの逆転現象が背景にあることを理解しておくと、抵抗なくスムーズに選べるでしょう。生徒の動機づけにも使える材料だと思います。

逆に、「小学生向けの参考書なんて」「中学生向けの問題集なんて」と思ってしまう人は要注意です。よほどしっかりした学校や塾で繰り返し勉強してきた人でなければ、小中学校の内容が完璧にはなっていません。

ずっと100点をとり続けてきた人ならともかく、地域トップの公立校になんとか入った程度の生徒では、中学までの内容が完璧にはできていないのです。**そういう穴を埋めたかどうかは、高校受験では問題にならなかったとしても、大学入試の時点では大きな差となります。**

低い学年用と設定されている問題集を、決して軽視しないようにしたいものです。

第3章

未知の問題を解く作法①

「分析する」

数学や理科で、わからない問題にあたったらどうしますか？

「考えろ」と言うのは簡単です。しかし、どう「考え」ていいかわからなければ、どうしようもありません。

実は、わからない問題を「考える」ためには、ある程度決まった方法があるのです。その方法の1つが、与えられた状況を「**分析する**」ということです。

分析の仕方には、大きく分けて次の3つがあります。

❶状況を具体化する

「xを求めよ」という問題に対して、「xが1ならどうなるか、2ならどうなるか、3なら……」と具体的な状況を書き出し、表にするのです。

表が書ければ、法則性が見えてきて式を立てることができます。

❷グラフや図形を描いてみる

まず、できるだけ正確にグラフや図形を描く。これだけでも、解き方が見えてくることがあります。場合によっては答えも見えます。

さらに、グラフや図形にわかっている長さ、求めたい部分をxと置いたときの式などを書き込みます。その時点で、表を書いたときと同じく、式を立てることができるのです。

❸答えの側から検討する

単純な例として、三角形の面積を求める問題を取り上げてみましょう。いきなり「どうやって面積を出そうか」と考えるのではなく、「面積を求めるためには何が必要か」と考えるのです。そうすれば、三角形の底辺や高さを求めればいいのだと気づき、その方向で考えを進めることができます。

これら3つの考え方は、数学が得意な人なら当たり前のようにやっているプロセスです。ところが、苦手な人はできていません。これが、よく聞く「応用問題が苦手」という症状の正体なのです。これから、くわしく説明しましょう。

なお、「分析」の作法の文系科目への用い方として、「❹部分に分けて検討する」手法もあり、こちらもご紹介していきます。

01 状況を具体化する

「文章題が苦手」という場合、問題の意味をはっきり把握できていないことがあります。問題の意味を把握するのに有効なのは、**文で書かれた内容を図や表にしてみる**ことです。

むろん、最初からわかりやすく整理された図をつくるのはむずかしいでしょう。しかし、表に数字を順に書き込んでいくだけなら、小学校3年生程度の学力があればできます。

ただ、いまの小学校で、そのやり方を扱うことは多くないのが現状です。そもそも、「表をつくらないと解けない」ような問題を扱うことがあまりないとも言えます。

結果として、塾で「表をつくる」という訓練をしているかどうかで、応用問題の出来に大きな差がついているのです。

ところが、塾に通わずとも、塾で教えられているようなノウハウを習得するのはそうむずかしくありません。最近は、ノウハウを公開した問題集が出版されているからです。

その代表的なものが、『小学4年生までに身につけたい和差の思考センス』（文英堂）です。

これは、中学受験を意識した小学生用のものですから、中高生なら1日でできてしまうでしょう。けれども、その1日をばかにしないでできるかどうかが、大学受験にも通じる学習の作法を身につけられるかどうかを決定します。

表づくりは、次の順で行います。

1 書き込んでいくべき項目を確定する

横長の表なら、いちばん左に書かれる内容です。問題文の中で数がはっきり書かれているものや、最終的に求めたいものが、その候補になります。

たとえば、「A君の数」「B君の数」「A君とB君の差」といった事項です。

小学生の場合、ある程度賢い子ならいきなりでも可能ですが、いきなりだとどうすればいいかわからない子もいます。

その場合は、大人が、1、2問は考え方の例を見せてあげるといいでしょう。2つくらい例を見せれば、次からは自力で書けるようになるはずです。

この段階は、大人には簡単に見えるかもしれません。しかし、慣れていない子だと、完全に手が止まってしまうことも珍しくありません。「表をつくる」という作法のもっともむずかしいところですから、ヒントを出したりして根気よく誘導しましょう。

2

0、1、2、3、……と表を作成する

項目をつくり枠を書いたら、あとは数字を入れていくだけです。0や1から順番に書き出していくだけなのですが、慣れていないと途中で数字を飛ばしてしまったり、かなり時

間がかかってしまったりということもあるでしょう。

10分程度までなら、時間はかけるべきです。途中で手が止まることも、少ないはずです。数字を書き込んでいくうちに理解が深まっていき、やがて要領よく表をつくれるようになります。

大人が指導する場合も、この段階では答えにたどり着くまで、下手に口を出さないほうがいいでしょう。

3　表の途中で、xを書いてみる

とはいえ、あまりに数字が大きい場合、答えにたどり着くまで全部書き込むのは厳しいかもしれません。そういうときはある程度、表ができた段階で、いずれかの項目を「x」と置きます。

表ができていれば、「x」と書き込んだ段階で、ほかの項目との関係が見えています。

それらの項目にも、xが入った式を書き込むことができるでしょう。これで方程式のできあがりです。いきなり「受験テクニック」に当てはめて方程式をつくることができる問題もありますが、表を書いたほうがよりむずかしい問題にも対応できます。

なお、中学入試では方程式を使ってはいけないというケースもあるといわれています。しかし、中学受験それ自体を最終目標にするわけではないのなら、小学生に方程式を使わせることをためらう必要はないと思います。

中学生向けでは、**『すいすい解ける！中学数学の文章題 驚異のサザンクロス方式』**がこのやり方を身につけるのに適しています。また、小学生の日常学習用としては、**『思考力アップ算数』シリーズ**（数研出版）がこれを強く意識しています。

高校数学の確率や数列も、基本は数え上げ

表をつくるとか、「1、2、3、……」と数え上げるやり方は、大学受験レベルの問題でも

かなり有効です。そもそも、難解な高校数学を理解するためにも必要な方法で、特に苦手な人が多い「確率」や「数列」を理解するためには重要です。

センター試験向けの参考書でも、**「確率は数え上げろ」**と教えているものが主流と言っていいほどです。教科書やチャート式のような参考書ではうまく理解できないという場合は、センター試験向けの本を併用するのもいいでしょう。

おすすめは、**『30日完成！　センター試験対策　数学』**シリーズです。

数学で具体的な数字を持ち出すのと同じように、「具体例をたくさん考える」というのは、一般の高校入試レベルなら作文の必勝法と言ってもいいほど有効な勉強法です。日本語として正しい文が書けているかという点を除けば、**難関を除く高校入試の作文は、適切な具体例を持ち出せているかでほとんど決まってしまう**からです。

小学生用となっていますが、『国語力の基礎　書く力をつける』のように、これらの点を集中的に鍛えるドリルを一冊やっておけば、多くの場合は高校入試では困ることがなく、その後の学習にも大いに役立つでしょう。

なお、公立中高一貫校の作文では、それだけでは何を書いていいかわからないような問題がわりとよくあるので、後述するポイントを踏まえて過去問などに当たる必要があります。

おすすめ教材

◉初心者向け

『小学４年生までに身につけたい和差の思考センス』
（文英堂）

◉中学数学

『すいすい解ける! 中学数学の文章題 驚異のサザンクロス方式』
（実業之日本社）

◉大学受験用

『30日完成!　センター試験対策　数学』シリーズ
（数研出版）

02

見えない部分を可視化する

「見えない部分を可視化する」というのは、**要するに、図やグラフにする**ということです。図形やグラフを描くというのは、表をつくるのに比べると、ややハードルが高いかもしれません。問題によって作成すべき図形やグラフの形は違いますし、その形が少し複雑になることもあるからです。

しかし、新しい概念を理解するために重要だというのは、表をつくるときと同様です。

また、グラフをつくることができれば、問題文で示された状況が、文字どおりよく見えます。複数の文字式で表された複雑な状況も、グラフにしてみれば一目瞭然。

状況が理解できれば、式を立てることができますし、答えそのものが見えてくることも少なくありません。

やはりグラフの作成も、応用問題を解くための重要なカギになっているのです。

ところが、いまの小中学校では、「グラフを描かないとまず解けない」ほど複雑な設定の問題はあまり扱いません。表をつくるのと同様、塾での学習が差をつけているといえるでしょう。

この作法を身につけるには、**実際に描かれたグラフを真似することが有効**です。

以下、図やグラフの描き方の作法をあげていきます。

1 正確に描く

図形やグラフを正確に作成できるようになることは、高校数学を理解するためだけでなく、大学受験の答案づくりのためにも重要です。

合否を分けるポイントの1つ、といっても言い過ぎではないでしょう。

まず、国公立大学2次試験の数学について。

記述試験では、図形やグラフそれ自体が採点の対象になります。最近は答えが合っているかよりも、答案がわかりやすく書かれているかで差をつける大学が増えています。

正確なグラフが描かれているとわかりやすいのは、学習者にとっても、採点者にとっても同じです。「グラフに物を言わせた答案」というのは非常にわかりやすく、印象がよいのです。

逆に答えが合っていても、数式が並んでいるだけだったり、グラフが雑だったりすると印象が悪いでしょう。グラフが不正確だと、その答えになる根拠と見なせないため、大幅に減点される可能性もあるのです。

次に、センター試験の数学について。

センター試験のような客観型の試験でも、図形やグラフを正確に描くことのメリットは非常に大きなものがあります。**答えが直接わかることもある**からです。

数字を選んでマークシートに記入するという形式では、答えさえわかればいい。そこで、正確な図形を描いてみて大体の長さが把握できたとします。その把握できたくらいの長さに当てはまる数字が1つしかなければ、それが正解、というわけです。

これは、数学の問題としては邪道に見えるかもしれませんが、実生活で何かの長さを知るやり方としては王道だと思います。

対策としては、高校生向けなら、河合出版の問題集がいいでしょう。レベルに応じて選ぶことができます。

センター試験レベルなら、**『マーク式基礎問題集　試験場であわてないセンター数学』**というものがあります。

さすがは国公立大学対策に定評のある河合塾。答案の中の適切な箇所に適切なグラフや図形が描かれており、学習者が理解するのに便利です。

これは、そのまま真似をすることで、減点されない答案が書けることにもなります。

2

複数のパターンで描いてみる

与えられた状況が抽象的で、たとえばグラフの傾きが正の数か負の数かわからないときはどうすべきでしょうか？

数学が苦手な子は、どちらかわからないのでグラフ作成をあきらめてしまいがちですが、慣れている子はちゅうちょなく両方のパターンを描いています。

関数の応用問題で差がつくのは、グラフの範囲や形が変化するような問題です。こういった問題に対しては、変化するそれぞれの場合に対して、**面倒だと思わずグラフを作成することが重要です。**

この手間を惜しむか惜しまないか、それが決定的な差となります。

3

描いたグラフに、文字式も書き込む

中学受験の勉強をしたことがある人なら、グラフや図形を描くこと自体はよくできていることが結構ありますが、それだけでは高校数学には通用しません。中学校や高校の数学では、数字だけではなく文字式も扱うからです。

せっかくつくったグラフに、未知数や文字式を書き込まないのであれば、数学の応用問題は解けません。「わかっている数字を書き込んでいく」ことも重要ですが、それと同様に、いやそれ以上に、**設定した未知数やそれで表される文字式を書き込んでいくことが重要です。**これも、塾や進学校で習った人には常識なのですが、算数の経験しかないと、「数値はわからないから書かなくていい」と考えてしまうようです。

「**グラフを正確に描いて、わかっている数字や式を書き込め**」というのは、名門校や難関高校受験塾の生徒なら、ほぼ例外なく徹底的に訓練されている内容です。

しかも、本人たちがそうとは気づかないまま身につけていることでもあります。

①正確に描く、②何パターンも描く、③わかることはすべて書き込む。

これらを意識した学習をすることで、名門校や塾の生徒との差を埋めることが可能になるのです。

おすすめ教材

◉中学生用

『語りかける中学数学問題集』の「関数」分野
（ベレ出版）

◉高校生用

『マーク式基礎問題集 試験場であわてないセンター数学』
（河合出版）

03 答えの側から考える

表を書いたり、図を描いたりと、与えられた状況を分析するだけでは解けないような難問もあります。そんなときは、「答えの側から考える」という作法が役立ちます。

ただ、先にお断りしておきますと、そうした問題は高校入試にはあまり見られませんし、大学入試でも文系の数学ではほとんど出てきません。出てくるのは、おもに中学入試の算数や、理系の国公立大学2次試験です。

そんななかで、高校入試の段階で出てくるとすれば、図形の証明問題でしょう。そもそも図形は、関数などの分野と比べ、「発想力」が問われる分野だといわれています。

その「発想力」がどこから出てくるか、というときに、ほかの分野とは違う分析法が見られます。それが、**「答えの側から考える」という目的のための思考**だったのです。

1

「何がわかっていなければならないか」を考える

答えの側から考えていくというのは、**「答えにたどり着くには、何がわかっていなければならないか」を考える**、という考え方です。

証明問題なら、最初に「〜のとき」のような形でいくつかの条件も与えられていますが、そのほか最後に書くべき結論も与えられています。「結論がこうなるなら、その前にこれがわかっているはずだ」と考えていきます。たとえば結論が、「辺の長さが等しい」であれば、「その辺を含む三角形どうしの合同が言えるはずだ」というようなやり方です。

ふつう数学の問題を解くときには、与えられた条件をもとに「この条件からはこれが言える」というプロセスを繰り返しますが、図形の証明問題では、逆に結論をもとに、「この結論ならこの条件がありそう」と考えていくわけです。

ちょうどプロセスが逆転していることから、私はこの考え方を**「逆転の発想」**と呼んでいます。なお、この考え方を高校入試対策として身につけるには、**『語りかける中学数学問題集』**（ベレ出版）が使えると思います。

2 答えを逆側から再現する

「逆転の発想」を意図的に身につけるためには、どうしたらいいか？

これには、「答案を逆から再現する」というやり方が考えられます。**一度解いた問題の解答を、今度は下のほうから書いていくのです。**いきなり全部書くのがむずかしければ、下のほうから答案を「読んでいく」段階をはさんでもいいでしょう。

実際に問題を見たときに、結論側から解法の流れをイメージすることができれば、この練習は成功。**未知の問題を解くための「発想」をする回路ができた**ことになります。

「逆転の発想」が身につくのは、数学の学習を通じてだけではありません。ゲームやパズルの中でそういう発想が必要とされることは多くあります。どういう「詰み」の形をつくるかというところから考える「詰め将棋」などは、その典型でしょう。

3 数学を、最初からスマートに論理的に解こうとしない

表を書いたり、グラフを複数つくったり、さらには答えを逆側から考えたりなど、邪道のように思う方もいるかもしれません。数学は徹底的に論理的であるべきだ、与えられた条件から考えていけばどんな問題でも解けるはずだ、と。

これに対しては、入試問題を作成する側である東大の先生が明確に否定しています。

私が受験生だったころなのでかなり昔の話ですが、当時の東大情報本の中の採点側へのインタビューで、その先生は次のような趣旨の発言をされていました。

「実験したり、ごちゃごちゃ書き込んだりと、答えを出すまでの過程はまったく論理的ではないかもしれない。しかし、一度出した答えは論理的に説明できるはずだ」

これこそが、まさに数学の答案に現れる美しい論理の正体だと考えます。

つまり、**優秀な答案を書く東大受験生でも、最初から論理的な思考だけでその答案をつくり上げているわけではありません。**地道な試行錯誤の末に発見した答えを、あたかも最初から論理的に考えたかのように説明したのが優秀な答案だといえるでしょう。

試行錯誤型の学習は、決して奇をてらったやり方などではないのです。

おすすめ教材

◉中学生用

『語りかける中学数学問題集』の「証明」とつく項目
（ベレ出版）

この本は千ページを超える大作なので、そのままだと分厚すぎて非常に使いにくいですし、苦手な子には威圧感を与えてしまうでしょう。使用する場合は、学年ごとに切り分けて、背表紙を粘着テープで補強するような工夫が必要だと思います。

04 部分に分けて検討する

「分析」というのは、数学などおもに理系的な「作法」ですが、文系科目の問題を解くのにも役立ちます。典型的なのが、国語や社会のマーク式の問題で選択肢が長いときに、**「部分に分けて検討する」ことで正解にたどり着く**という解き方です。

マーク式の問題というと、歴史の年号や用語を選ばせるようなものをイメージされるかもしれませんが、いまの大学入試では、センター試験をはじめ多くの試験で、たとえば日本史や古文、英語のような科目でも、ある程度長い記述の中から正しいものを選ばせる形式になっているのです。１００字を超えるような選択肢もあります。

このとき、「選択肢全体の雰囲気からなんとなく選ぶ」と、問題作成者の罠に引っかかってしまいますが、ふだんから選択肢の「分析」ができている人は、そういった選択肢の罠を難なく見破ることができます。

これは、中学入試や高校入試でも、難関進学校になると見られる傾向ですが、中学、高校側がそういった問題をつくる理由はきわめて明快。センター試験や難関大学入試で点数をとることができそうな生徒を入学させたいからです。

余談ですが、開成中学校や高校の入試問題は、露骨に東大の入試問題に傾向を合わせていることで有名です。ある有名進学塾では、開成の問題を予想するために東大の問題を分析しているほどだと聞きます。

1

どこが違うのかを明確にする

では、選択肢を分析するとは、いったいどういうことでしょうか。

分析の第一歩は、選択肢をいくつかの要素に「分解」することです。そして、分解したそれぞれの部分が、本文や設問の要求を満たしているかどうか、本文と見比べたり、設問の指示と見比べたり、あるいはほかの選択肢と見比べたりするのです。

全体的になんとなく合っていそうな選択肢でも、一部でも違っていれば正解にはなりません。1語だけでも本文と決定的に矛盾していたり、設問の指示にしたがっていなかったりすれば、その選択肢は不正解。

こうしたプロセスを経ることで、なんとなくではなく、確信を持って正解の選択肢を選ぶことができるのです。

選択肢の分析を学ぶことがなぜ重要なのかというと、**間違いの選択肢というのは、だいたいパターンが決まっているから**、というのがその答えです。

たとえば、「言いすぎ」の選択肢というパターン。「〜はすべて」「〜は必ず」「〜しかない」といった強い限定があれば、その部分が誤りである可能性が高い。たいてい、1つや2つの例外は本文にも書かれているものですから。

英語でも、「all」「never」といった単語を使って同じパターンの選択肢がつくられます。

こんなことを書くと、「そんな細かいテクニックなんて……」と思われるかもしれませんが、**無理な断定を避けることは実生活でも大事です。**「絶対やるから」と安請け合いしてしまうとトラブルのもとになりますし、「必ず儲かる」というような話を疑う習慣を身につけることは生きていくためにも必要な知恵だと思います。

さらに、私のように文章を書く人間ともなれば、そういう表現は誤解を招きがちなので、避ける必要が出てきます。

2 それぞれの視点で考える

文系科目でも、ある程度複雑な内容を扱うようになると、理解するのが困難になることがあります。たとえば、日本史や世界史の場合、各国の利害が複雑に絡み合う近現代史になると、とたんに苦手とする生徒が多くなります。また、古文が典型なのですが、登場人物が増えるとストーリーの理解がむずかしくなります。

ここで重要な作法が、**「それぞれの視点で考える」**というやり方です。

日本史でいえば、日本の立場だけから歴史を見ていると理解しにくいことも、中国、ロシア、イギリス、アメリカなどほかの国を中心にして、その視点で考えれば理解しやすくなります。

近現代の国際関係は、非常にデリケートな問題をはらんでいます。教える側はもちろん生徒の側でも、ある事件に関して強い主張を持っていることがありますが、どういう意見を持つにしても、**それ以前に客観的な事実を把握しておく必要があります。**

当時、各国の国内はどういう状況だったのか。戦争を起こすことに、どういうメリットがあると考えられていたのか。そういった事実を知らないままにいくら意見を言っても説得力がありません。

強い意見を持ち、それを主張するには、その前提として、複数の視点からものごとを客観的に見ることができている、ということが重要なのです。

こういった問題意識もあってか、２０２２年をめどに、**高校では「歴史総合」「地理総**

合」が必修化される方向です。

「それぞれの国の視点で考える」ことに特化した参考書が登場するのはもう少し先かもしれませんが、一般向けでは読みやすい本が続々登場しているので、早いうちに一冊読んでおくといいでしょう。

わかりやすさで言えば、**『マンガでわかる地政学』**（池田書店）がおすすめです。

客観的な事実から判断するとか、それぞれの視点で考えるというのは、もちろん現代文でも重要です。特に、主観的な考え方に陥りやすい小説の問題では、意識的にやらないと、試験で得点が安定しません。

本を読むだけなら主人公に感情移入するのもよいのですが、それだけでは試験問題は解けないのです。ほかの登場人物、たとえば**「主人公の友人や家族の立場ならどう思うか」という思考回路が必要になります。**

これはあくまで私の主観なのですが、「人の気持ちがわからない」という人には、**そもそも自分以外の立場でものごとを考える訓練ができていない人が多い**ように思います。

相手の立場でものごとを考えるというのは、人間関係の基本ですが、その前提となる思考回路がないのです。本来、それは友だちと遊んだり家族の手伝いをしたりというなかで身につくのが自然なことでしょうが、その機会が十分に得られなかったのなら、せめて国語や英語の学習を通して身につけるべきでしょう。

参考書としては、中学入試や高校入試のレベルながら、『受験国語の読解テクニック』（文英堂）が、選択肢の分析だけではなく、文系科目の問題を解くためのあらゆる作法を収め、名門塾のノウハウを見事に再現した良書です。

おすすめ教材

◉文系科目を解く

『受験国語の読解テクニック』（文英堂）

◉高校生向け

『マンガでわかる地政学』（池田書店）

高校生向けでは、**『入試現代文へのアクセス』シリーズ**（河合出版）が、現代文を読むための知識までくわしく解説してくれています。

3

ほかと比べて目立つ部分に着目する

与えられた条件の分析は、**一見つかみどころがないような自由度の高い英作文や小論文でも威力を発揮します。**

たとえば、2016年の東大で出題された自由英作文。「画像を見て思うところを自由に述べよ」という問題で、その画像とはじゅうたんに寝そべるネコを上から撮影し、間に手を入れることで、あたかも小さなネコを手でつまもうとしているように見える、遠近法を使った一種のトリックアートです。

もちろん、この説明自体を英語で行い、トリックそのものについて感想をつけるような方針の解答も考えられますが、「思うところを」という指示もあって、その方向だけだと英語の表現的にも語数制限的にも難しかったようです。

ただでさえ、制限時間が厳しいのが東大英語の特徴なので、なるべく簡単にすませたいところ。それが、画像の中で特に目立つ部分に注目すれば、指定にぴったり合った答案が書きやすくなるのです。

たとえば、すっかりリラックスした様子のネコの姿勢や表情。野生動物ではありえないような無防備さから、おそらくは飼い主である撮影者にとても愛されていることが容易に想像できます。

あるいは、圧倒的な大きさに見える人間の手。これが物理的な意味であれ、道具を使うという意味であれ、人間の強大さを暗示しているという方向でなら、例文暗記で身につけた表現をそのまま使って答案を仕上げてしまえそうです。

言われてみれば簡単な問題じゃないかと思われるかもしれませんが、試験当日に厳しい制限時間の中でそれを実行するには、**やはりふだんから「部分に分けてどこかに注目する」という習慣が求められてくる**のではないでしょうか。

この種の出題は、決して東大だけの特徴ではなく、一部の公立中高一貫校では以前から類似した作文の問題が出題されています。傾向変化の方向を考えると、今後さらに出題が広がっていくかもしれません。

第3章のまとめ

▼未知の問題を解く作法①「分析する」

1 状況を具体化する

①書き込んでいくべき項目を確定する
②0、1、2、3、……と表を作成する
③表の途中で、xを書いてみる

2 見えない部分を可視化する

①正確に描く
②複数のパターンで描いてみる
③描いたグラフに、文字式も書き込む

3

答えの側から考える

①「何がわかっていなければならないか」を考える
②答えを逆側から再現する
③数学を、最初からスマートに論理的に解こうとしない

4

部分に分けて検討する

①どこが違うのかを明確にする
②それぞれの視点で考える
③ほかと比べて目立つ部分に着目する

COLUMN 4

公立中学校と進学校の違い

通常、公立の小中学校では、平均的な学力の生徒を想定した授業を行っています。高校入試の偏差値で言えば、50くらいの生徒に合わせていることになります。おおむね偏差値60以上の生徒には物足りない内容でしょう。

そのため、学校だけでは不足する応用問題や先取りの学習をするために、塾に通うというのが一般的です。多くの塾では、生徒の学力に合わせたコースを用意していますから、学校より塾を勉強の中心にするという子も多いようです。

塾以外に、通信指導や市販の参考書・問題集を利用してハイレベルな学習をするという手段もあります。

一方、「進学校」と呼ばれる高校では、生徒の平均よりかなり上のレベルに合わせて授業を行い、宿題を出すことが珍しくありません。

たとえば、偏差値60前後の「進学校」でも、偏差値70くらいの地元にある難関国公立大学受験に合わせたカリキュラムを組む先生もいるわけです。

そういった先生の担当科目では、成績上位者以外が自力でついていくのはたいへんです。なにしろ、難関大学に合格するための学習量は、公立高校に合格するための学習量の5倍とも10倍ともいわれるほどですから。

そこで役に立つのが、**初学者向けに書かれた参考書**です。本書の中でも、そういった参考書を多数紹介していますが、ここで特に苦手とする人が多い分野についておすすめの本を列挙しておきます。学校の授業や宿題と並行して読むだけで、ずいぶん理解が進むようになるでしょう。

「進学校の生徒だから」というプライドから、こういった参考書を避ける傾向がある生徒もいますが、中学までと同じように考えてはいけません。

英文法　『もっとつながる英文法』ディスカヴァー

古文　『望月光の古文教室』旺文社

漢文　『三羽邦美の漢文教室』旺文社

数学1A　『定期テスト対策 数学Ⅰ・Aの点数が面白いほどとれる本』KADOKAWA

数学2B　『定期テスト対策 数学Ⅱ・Bの点数が面白いほどとれる本』KADOKAWA

化学　『鎌田の理論化学の講義』旺文社

物理　『漆原晃の物理が面白いほどわかる本』シリーズKADOKAWA

もっとも、これらの本は非常にわかりやすく書かれているため、「わかったつもり」になってしまうという危険もあります。**参考書を読んだだけで満足せず、それを踏まえて学校で渡される問題集も解いておくことが大切です。**

なお、このコラムにおける偏差値は高校入試においてのものを指しています。大学入試で偏差値というときには、これらより10ポイント程度低い数値になるのが一般的です。

第4章

未知の問題を解く作法②

「俯瞰する」

未知の問題を解く際に、本文全体から考えるという作法は、文系科目の試験に大きくかかわります。読解問題で傍線部の直前しか見ないという生徒は、簡単に罠にかかって点数を落とすからです。

ここでは、次の3つを具体的作法としてあげました。

まず、現代文、古文の解釈の作法として、

1　評論は話題、小説は場面から考える

文系科目の選択問題を解くときの作法として、

2　意味から代入する

高校英語の英文解釈の作法として、

3　先に全体的な構造を把握する

問題文の全体を読むなど、親御さんの世代には当然のことだと思いますが、現実には、傍線部の直前しか見ない生徒は少なくありません。おそらく、おもに学校の補習をする性格の塾で教え込まれた「テクニック」のためだと思われます。

すなわち、「指示語があったら直前を見ろ」「『しかし』を見たら直後だ」といった狭い意味での「受験テクニック」です。

たしかに、この「テクニック」によって、まったくやり方がわからなかった生徒が少し点をとれるようにはなります。しかし、最近の入試傾向では、「テクニック」だけに頼る生徒が間違えるような問題が頻出しています。

まずは、本文全体の話題や場面から考え、「テクニック」は補助的に使うことが大切なのです。

01 評論は話題、小説は場面から考える

1 評論の「話題」を把握する

説明文や評論を読むとき、**まず行うのは「何についての文章なのか」を把握すること**です。それがすぐにはわからない場合は、段落ごとの「話題」を確認していきます。

試験で点をとるためにも、設問ごとの話題を把握することが重要です。たとえば、「人間とコンピュータの違い」を扱った文章なら、設問が人間のことを聞いているのか、コンピュータのことを聞いているのか把握する必要があります。

試験では、話題がわかったら、それを根拠に答えを選ぶのが作法です。

「本文の内容に一致するものを選べ」というスタンダードな設問を消去法で解く場合を考えてみましょう。

必要に応じて選択肢を「部分」に分け、それぞれの話題をはっきりさせます。その話題は「人間」だったり「動物」だったり「コンピュータ」だったりします。

この場合、そもそも「人間とコンピュータ」の話題しかない文章なら、「動物」が話題の選択肢は間違いだとわかります。理由は、「本文にいっさい書かれていない話題だから」です。

また、「人間」について書かれている記述が正しいかどうか迷ったら、本文の「人間」が話題になっていた段落と見比べてみます。

その結果、一致していたとか矛盾が見つかった、という具合に判断できるのです。

抜き出し問題の場合は、まず抜き出すべき問題の「話題」を把握します。話題が確定できたら、それが主語になっているところなどを集中的に探すだけです。

この作法は、記述問題でもほぼ同じように使えます。

記述に使える該当部分を探し、それを設問の要求を満たすように加工するというのが基本的な解答のつくり方です。

2 小説の「場面」を把握する

物語文や小説では、「場面」を把握することから始めます。**場面とは、「いつどこで」「誰が」「何をしたか」ということです。**

必ずしも、すべての要素が明示されているわけではありませんし、文章の中でも場面の移り変わりというのはあります。それでも、ある程度、国語ができる生徒なら、全体としてどんな場面かを指摘することができます。

たとえば、「主人公が親の仇を見つけた場面」とか、「主人公たちが母親のお見舞いに行った場面」という具合です。

これも、いきなりではむずかしい場合は、段落ごとに判断します。段落ごとの判断は、場面が明らかにいくつかに分かれる場合、より重要になります。たとえば、回想シーンが含まれる場合、それがどこからどこまでなのか把握していないと、いざ問題を解くときにまた全文を読み直さなければならなくなります。

設問ごとにも、「いつのことを問われているのか」「誰のことを問われているのか」といった「部分」の確認が必要です。

場面が把握できたら、それを根拠に答えを選びます。

ここで、物語文の記号選択問題では、説明文以上に、直前の表現だけにこだわると引っかかってしまうことが多くなります。

中学入試や高校入試のレベルでも、問われる心情は、ただ「うれしい」とか「悲しい」というだけの単純なものではなく、たとえば「うれしいが寂しい」とか、「悲しいがすがすがしい」といったように、複数の気持ちが入り混じっているところが設問にされるパターンが多いのです。

そのため、傍線部だけではなく、少なくともそれを含む段落全体のいきさつから判断しないと答えにたどり着けません。**その段落を含む場面全体から判断するのが望ましい**のです。この手の問題は正答率が低い傾向にあるので、場面から客観的に考えさせる訓練を積めば差をつけられます。

次に記述問題の作法ですが、物語文の記述問題には暗黙の了解とされる独特のルールがあります。

それは、「気持ちはどのようなものか」という設問でも、**「うれしい」「悲しい」だけではなく、その感情に至る経緯を答えなければならないというものです。**

たとえば、「こういうことがあってうれしかった反面、こういう面では反省している」というのが一般的な答え方になります。

したがって、場面を把握することができれば、それをそのまま解答の重要な要素として使えるわけです。むずかしければ、段階に分けてもいいでしょう。

つまり、まずは「どういう気持ちか」、たとえばうれしいのか、悲しいのか、驚いているのか、それを一言で答え、そのあと、「なぜうれしいのか」という具合に、そこに至る経緯の該当部分を探し、解答に用います。

評論の「話題」のときと同様、「場面」は解答の根拠となるだけではなく、そのまま解答に使えるわけです。

物語、小説の問題といえば、とにかく「心情」が重要だといわれますが、その前提としての「場面」こそが重要だったのです。

3

古文の「場面」を把握する

高校入試までの古文なら、読み慣れといくつかの単語を覚えるだけで十分な対策がとれますが、高校で学ぶ古文になると事情がまったく異なります。わずかな注がついただけの文章を読んで、内容把握問題や知識問題を解かなければならないのです。

そのためには、文法や単語など、まず覚えなければならないことがたくさん出てきます。「敬語に気をつけろ」「まずはジャンルを決めろ」といった「テクニック」が多く出回っています。しかし、そういった「テクニック」だけだと、思うように問題を解けないのは、現代文と同様です。

文法・単語だけでは解けません。古文には難解な物語文が多いので、**なんといっても「場面」の把握が読解のカギになります。**

すなわち、「どうしてそう思ったのか」「〇〇は何が言いたかったのか」といった内容の深い理解を問う設問に正しく答えるために必要なのは、現代文の物語や小説と同様、**「いつ、どこで、誰が、何をしたか」という場面を把握し、それを根拠にすることです。**

古文では、回想シーンや夢を見ているシーンがそれとなく挿入されることも多くありますから、現代文以上に意識的に把握していかなければならないでしょう。

さらに、科目としての古文をむずかしくしているのが、主語が省略されていることが非常に多いこと。

したがって、古文読解における作法としては、次のことが基本となります。

古文は「場面」を把握する。
「場面」の中でも、「誰が」を補いながら読んでいく。

この「誰が」を把握するには、たしかにテクニックも役に立ちます。たとえば、「最高敬語が使われているから天皇の動作だ」「日記文で『思う』という表現が出てきたから筆者だ」等々。

しかし、テクニックに頼らずとも、**場面を順に追っていけば、たいていは誰の動作か確定できます。**ほかの人の動作だとすれば、筋が通らなくなってしまうからです。

「場面」のうちの特に「誰が」の部分を追っていくことの大切さを意識できていれば、途中で内容がわからなくなるという事態は避けられるはずです。

実は、センター試験の古文は文章が非常にむずかしく、東大よりもむずかしいといわれることもあるほどなのですが、たいていは冒頭のリード文で場面を解説してくれています。

たとえば、「次の文章は（中略）子どもたちのもとを訪れた場面である。これを読んであとの問いに答えよ」（２００３年・本試験）というような具合です。

「場面を追う」ということさえ意識できていれば、これを見落としてしまうようなことはないはずで、本文があまりよく理解できていなくとも、このリード文や設問、注から、だいたいの場面を把握できることが少なくありません。

4
「古文常識」を知っておく

古文では、場面を把握するために知っておかなければいけない知識というものも存在します。「古文常識」と呼ばれるものです。

現代文と古文に出てくる人物とでは、同じ状況でもそのとらえ方やそこでとる常識的な行動が違っていることがあります。

たとえば、病気になったり出世競争に敗れ左遷されるなどのつらいことがあったとき、現代人なら「自分の努力や注意が足りなかった」、あるいは「こんな社会だからしかたない」というように考えるでしょう。

しかし、古文の世界では違います。病気になったり左遷されたり、愛する人に先立たれたりといった不幸は、「前世の報いだから」と考えるのです。
背景には、当時の人々の宗教意識があるのですが、現代に生きる私たちにはまず思いつかないような発想でしょう。もともと知識として覚えていなければ、場面を見失ってしまう可能性が高いはずです。

おすすめ教材

◉現代文・高校入試用

『受験国語の読解テクニック』（文英堂）
『「解き方」がわかる国語文章読解』（学研プラス）

◉現代文・高校生用

『入試現代文へのアクセス基本編』
（河合出版）

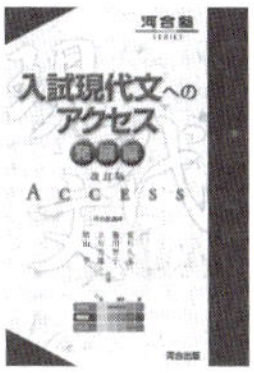

◉難関大学受験用

『入試現代文へのアクセス発展編』
（河合出版）

◉古文・高校生用

『古文入門』（Z会）
難しい箇所にはルビで訳がつき、気をつけるべき場面把握のポイントも「着眼点!」として示されています。
古文常識の習得には、**『コブタン』**（ゴマブックス）の「ヒトコト」や、**『古文上達基礎編』**（Z会）の「読解へのアプローチ」も便利です。

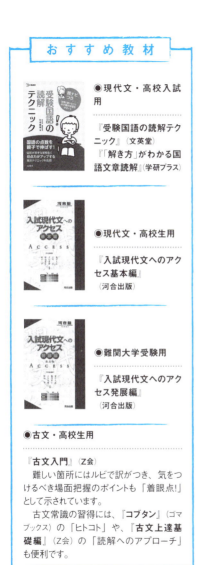

02

意味から代入する

「俯瞰」する作法の2番目である「意味から代入する」は、おもに英語の文法問題で用います。短文中での空所補充や、単語を並べ替えて文をつくるようないわゆる「文法問題」は、苦手意識を持つ生徒が多く、私自身、あまり好きな分野ではありません。

苦手意識を持ってしまう原因は、「難解なルールを覚えてそれに当てはめる」という学習法にあることが多いように思います。

けれども、最近は入試問題でも「コミュニケーション重視」という傾向のため、ある文法規則にしたがったかのような選択肢と、意味的に正しい選択肢があって、正解は後者、といったものが増えてきています。

まさに、文の意味を考えずに形だけで判断する受験生を落とすための問題で、これに引っかからないようにするには、**ふだんから、形ではなく文の意味から判断する訓練をしておく必要がある**でしょう。

ところが、中学生向けの文法ドリルの中には、問題文に訳がついていないようなものもあります。これでは意味から判断する練習はできないため、形だけで判断して答えを選んでいくようになってしまいます。少なくとも、**十分な読解の練習ができる前の段階では、ちゃんと訳のついた問題集を使うべきです。**

1　まず、どんな意味になりそうかを考える

空所補充形式の文法問題を解くときには、まずその空所を補充した文がどのような意味になりそうかを考えます。知らない単語だらけというのでもなければ、空所以外の部分を訳すのは可能でしょう。

たとえば、「天気予報は今度の日曜日（　　）と言っている」というところまで訳してみ

ます。そして選択肢を見ると、いずれも「雨が降る」という意味の「rain」という単語が入っているとします。

その段階でカッコに入るのは、「雨が降るでしょう」であると推測できます。正解は、「雨が降った」でも「雨が降っている」でもなく「雨が降るでしょう」という意味になるwill rainです。

この説明を見て、多くの方は「何を当然のことを」とお思いになることでしょう。しかし、このプロセスをたどることができず、こういう問題で間違える生徒がいるのです。

文法問題といえども、まずどのような意味になるのかを考えるようにすることで、少なくとも極端な苦手意識からは解放されるでしょう。

たしかに、文法規則はおろか、文全体の意味を考えるまでもなく答えられる問題というのも存在します。文法問題に見せかけた熟語の知識問題がそれです。

空所のあとの前置詞に熟語としてつながる選択肢が1つしかなくて、それが正解というパターンは結構あります。

が、そういう場合でもやはり、意味から判断することは必要です。熟語ができそうと思わせておいて、実は意味的にその熟語では通らないような問題もあるからです。

また、1つずつ文の意味に合うかどうかを検討する訓練ができていれば、未知の熟語が出されても正解できます。

文の意味に加え、熟語中に使われる前置詞の意味まで考えて当てはめれば、正しい熟語になる。最近は、そういったプロセスをたどらせることを意図していると思われる出題もあるのです。

2 代入してみる

長文読解であれば、意味を考えずに読み進めてしまう人はあまりいないでしょう。しかし、文章中に空所があると、そこでどういう意味になるかを考えずに読み飛ばしてしまうというのはありがちです。そうすると、空所に入れるべき語句も深く考えずに選ぶことになってしまいます。

ほんとうにその選択肢でいいのかを考えるには、**補充したあと、その文を読んで意味がつながっているかを確認することが大切です。**

これは英語だけではなく、国語でも、理科や社会でも重要です。

これも多くの方にとっては当然のことだと思いますが、いまの中高生を見ると、ふだん学校でテストに慣れていないためか、かなりの割合でこのやり方ができていません。明らかに不自然な答えをつくっていると感じたら、科目や形式にかかわらず、それで意味が通っているかを確認する――この当たり前の作法を身につけるだけで、英語の成績がアップすることもあるのです。

また、この「代入」の作法は、数学はもちろん、物理や化学でも重要です。たとえば、化学では「実際に構造式を書いてみれば間違えなかったのに」というようなミスをする人が結構いるのです。

問題の設定や選択肢の記述が複雑だと思ったら、図示してみたり代入してみたりという「作法」にしたがって考えるといいでしょう。

おすすめ教材

◉0からの場合や先取り学習用

『くもんのスーパードリル　完全マスター中学英文法』
（くもん出版）

同じ文を繰り返し使った段階的な学習ができる構成なので、順に学習していくだけで意味判断ができるようになる良書です。

◉上級用

『完全攻略　中学英文法』
（文理）

訳は解説についていますから、最初からそれを意識していれば十分な効果を見込めます。

03 先に全体的な構造を把握する

「全体的な構造を把握する」というのは、高校に入ってからの複雑な学習では必須ともいえる作法です。

たとえば、数学で膨大な数の応用問題の解法の答案全体をそのまま覚えるなどほとんど不可能ですが、数学が得意な人は、分厚い参考書に載っている応用問題の答案をほとんど再現することができます。なぜそんなことができるのかといえば、**答案の設計図にあたる考え方を覚えているからです。**

設計図にあたる部分を把握するというのは、英語や国語の超長文を読む際にも必要です。また、英語の応用問題である長い下線部の和訳や英作文問題を解く際にも使います。

ここでは、英文解釈をとり上げて、この作法を学びましょう。

1
主語と述語をとらえる

英文解釈の基本は、まず主語と述語の指摘です。

中学校で扱うような英文ならむずかしくないでしょうが、高校で扱う英文には主語がやたらと長かったり、述語になりそうな単語がたくさん出てくるものがあります。そういった英文は、ある程度練習をしないとなかなか初見で読めるようにはなりません。

たとえば、主語が長いときは、述語を先に見つけて、その前までが主語と判断するようなテクニックも必要です。テクニックと言いましたが、これは解釈ができた文の音読を続ければ、無意識的にできるようになることです。

そうしたテクニックを身につけるやさしい解釈本としては、**『入門英文解釈の技術70』**（桐原書店）があり、そこでは、それぞれの英文の構造が見てすぐわかるように、主語や述語はＳＶなどと表現されています。

2

修飾・被修飾の関係をとらえる

『入門英文解釈の技術70』のような参考書では、修飾・被修飾の関係がわかりやすく矢印で表現されていますが、これを自分で、まっさらの英文を見て説明する練習が、「英文解釈」の学習の中心となります。

和訳問題でも、修飾されている単語を取り違えたような誤答を非常によく見かけます。これには、次の章でお薦めする「シャドウティーチング」で、「of以下がcustomを修飾している」「centuryまでが述語cameを修飾している」などと、**誰かに教えるように指摘する練習が効果的**でしょう。

難解な長文の問題を理解するためにも非常に役に立ちます。

3
接続詞がつなぐものをとらえる

一文が長いときに、意味の把握をむずかしくしているものに、「and」をはじめとする接続詞があります。文が長いと、「and」などが何と何をつないでいるのかが、わかりにくくなってしまうのです。

直前・直後の名詞と名詞をつないでいるのか、何語かの語句どうしをつないでいるのか、はたまた文と文をつないでいるのか。

習得法としては、まずは『入門英文解釈の技術70』シリーズにある図を見て理解し、その後にもとの英文を見て、どことどこが接続されているかを確認していくようにします。

また、拙著『**学習の作法　実践編　東大基礎力養成　中学生のための勉強法**』（ディスカヴァー、2010年発売）では、高校入試の英文を題材に、この作法が自然に身につく形式の問題を収録していますので、ぜひ活用してください。

4

意味を理解する

①主語・述語、②修飾・被修飾の関係、③接続詞がつなぐもの、の3つが把握できれば、ほぼその英文を理解できたことになります。

「ほぼ」というのは、構造が把握できても意味がよくわからないという可能性が残っているからです。

英文解釈の例題に使われるような文には思想・哲学などの話題が多く、意味が抽象的でむずかしいものも多くなっています。

日本語で読んでも意味がわからない場合があるのです。あまりに訳がわからないようなら、国語の勉強が必要かもしれません。

5

傾向が生じる原因を考え、その先を予測する

「傾向」「その先の予測」というと、経済など社会科学に関する話題が思い浮かぶ方が多いのではないかと思います。たしかにその手の問題は、有名私大の自由英作文や難関高校

おすすめ教材

◉大学受験用

『入門英文解釈の技術70』
（桐原書店）

の小論文で好んで出題されています。

ただし、今のところこれらは「話題に関する知識を身につけておく」ことで対策可能です。テーマが、伝統的なものなら「**環境問題**」「**マスメディア**」、時事的なものなら「**人工知能**」「**東京オリンピック**」など、ある程度決まっているからです。

特に、日本社会についてなら多くの現象が「**少子高齢化**」で説明できますし、その先どうなっていくか、どうすべきかについても、「**移民の誘致**」など定番の議論があります。


しかし、知識を身につけるだけではまったく対応できないタイプの問題がすでにメジャーになっている科目もあります。大学入試の生物です。

理系の受験生が受ける生物のセンター試験は、見たことのないデータや文章をもとに、「実験からの考察として正しいものを選べ」「実験結果から推測されることとして最も適切なものを選べ」といった形式の出題が多くなっており、ある年は全体の約半数を占めたほどです。

2次試験でも傾向自体だけでなく、原因やその先に起こると予想されることを論述させる問題が見られます。いまは判断のスピードを問うようなバランスが主流となっていますが、**表現力重視の流れからすれば、データの表面だけではなく、深い意味まで論じさせるようなものへとシフトが進む**と予想されます。

この種類の問題でも、進んでいるのは公立中高一貫校の入試です。科目の枠にとらわれないタイプの出題もあり、今後の入試傾向を先取りしているようにも思えます。だからといって、小学生のうちからデータの裏側まで読ませるというのは、個人差もあるでしょうが、あまり効果的ではないと思います。

基本的に小中学生のうちは、グラフや表そのものに親しむことを優先させ、高校生になるあたりから、その意味を考察するように促していく、というのが現実的ではないでしょうか。グラフの読み取り自体に不慣れな段階で、それについて考察しろとまで言われては、苦手意識が強くなってしまうからです。

「社会実情データ図録」というサイトのように、データについて深く考察までしているようなものにも興味を持ってほしいのですが、まずは**『今がわかる時代がわかる世界地図』**（成美堂出版）のように、見やすくわかりやすいものから入るのがいいでしょう。

6
似た構図のものごとを類推する

考察問題の比率が高くなったり、前章で紹介したような自由度の高い英作文・小論文問題が広く出題されるようになったりしたときに身につけておきたいのがこの作法です。

前章で取り上げた、ネコのトリックアートを題材にした東大の入試問題。文字数がもっと多い小論文の問題として出題されていれば、「分析」の具体例としてあげたような内容では合格点に届かないでしょう。

特に、「リラックスしきったこのネコは、飼い主にとても愛されているのだろう」では、さすがに答案として幼稚すぎるのではないか、と感じた方もいるかもしれません。

むろん、この例は自由英作文だから合格答案になりうるのであって、小論文だとそれだけではとても足りません。

そこで有効なのが、「飼い主に守られ安心しきっているから、不自然なまでに無防備に寝ていられる」という**構図と似たものごとを類推して論を展開していく**ことです。

たとえば、ネコを自分に重ねて、「いままで親に守られて安心して勉強できたが、これからは家事やお金の管理もしなければならない」という内容につなげる。

あるいは、日本に重ねて、「いままで米軍に守られて少ない防衛費ですんだが、これからは防衛力を大幅に増強しなければならないかもしれない」というところに持っていく。

「ネコ」や「大きな手」といった表面的な部分ではなく、「守られて安心している」という構図から類推するというのがポイントです。

この問題について私が模範的な解答をつくるなら、「大きな手と小さなネコ」という写真の構図から、「人間とペットの力関係」を類推するでしょう。

自由英作文だとしたら、いまでも多くのペットが捨てられたり、多頭飼いの末に飼育放棄されたりしている、飼い主はペットに及ぼす力の大きさを自覚し正しい知識を持たなければならない、というあたりです。

小論文だとしたら、この大きな手が政府や大企業の持つ圧倒的な力だとすれば、寝ているネコはわれわれのような一個人を示すが、いつも守られていると思うのは楽観的すぎる。将来、幸運にも手の側の立場になったときは、力の大きさを自覚して、その行使にあたっては細心の注意を払うようにしたい――というところでしょうか（ちなみに、最後の部分は、大学1年次にとある授業で聞かされたことです）。

こういった「構図から類推する」という考え方は、**多くの文章を俯瞰することができていれば、その読み込みの中で自然に身についていく**と思います。

しかし、いくらたくさんの文章を読んでも、話題や場面をしっかり把握していなければ、想像もつかない発想と感じるかもしれません。

この考え方を直接練習する問題集としては、**『ふくしま式「本当の国語力」が身につく問題集』**シリーズ（大和出版）があります。「小学生版」となっていますが、実際にはそれなりに読解をこなしてからのほうが身につきやすそうです。

特に、難易度が上がる『「本当の国語力」が身につく問題集　2』は、中学生以上での使用が適切でしょう。

また、ＧＬＳ予備校の通信添削コースでも、おもに時事的な話題にからめてこの発想法を練習する課題を出しています。作文・小論文の発想法に自信をつけたい方は、ぜひ挑戦してみてください。

おすすめ教材

◉傾向が生じる原因を考え、その先を予測する

『今がわかる時代がわかる世界地図』
（成美堂出版）

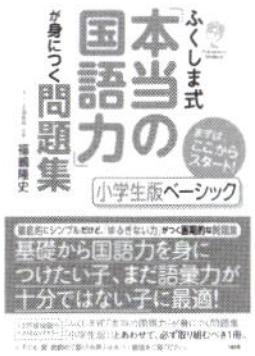

◉似た構図のものごとを類推する

『ふくしま式　「本当の国語力」が身につく問題集』
（大和出版）

第4章のまとめ

▼未知の問題を解く作法②「俯瞰する」

1 評論は話題、小説は場面から考える

①評論の「話題」を把握する
②小説の「場面」を把握する
③古文の「場面」を把握する
④「古文常識」を知っておく

2 意味から代入する

①まず、どんな意味になりそうかを考える
②代入してみる

3

先に全体的な構造を把握する

①主語と述語をとらえる
②修飾・被修飾の関係をとらえる
③接続詞がつなぐものをとらえる
④意味を理解する
⑤傾向が生じる原因を考え、その先を予測する
⑥似た構図のものごとを類推する

COLUMN 5

不平や不満を言う前に

高校に入ると、要求される学習量が急に増えます。厳しい学校の場合、授業の予習や宿題をこなすだけで1日が終わってしまうということも珍しくありません。

すると、「宿題が多すぎる」「受験勉強に手が回らない」などと不満を持つ生徒も増えてきます。

そういった生徒は、極端なケースだと「学校が勉強の邪魔になっている。このままでは受験に不利なので、中退して予備校に通いたい」などと言い出すこともあります。

たしかに、学校の授業や宿題にかけている時間を、すべて自分の学力に合った受験勉強に向けることができれば、学習の効率は高くなるでしょう。しかし、学校で得られる人間関係やその後の人生を考えれば、安易に中退などという選択肢を認めるわけにはいきません。

ただ、そういった観点から中退のデメリットを説明してもうまく理解されるとは限らないのが現実です。中退後に成功した、ごく少数の例外を持ち出して反発されるのがオチ、という可能性もあります。

私は、高校生が学校への不満を持つこと自体は当然のことだと思います。それぞれ違ったやり方で教える多くの先生に習っていれば、学力的にも性格的にも合わないことが出てくるでしょう。むしろ、自分の考えを持つことができているという意味では、肯定的にとらえています。

ただし同時に、不満を持っていてもそれを口にする時間があったら、その時間に受験勉強をするほうがいいとも考えます。

また、学校の勉強が多すぎると思ったときには、**まずいかにそれを短時間で片づけるかを考えるべき**でしょう。単純に目の前のやるべきことに集中することができれば、たいていの場合は、所要時間を短縮することができます。

たとえば、英語や数学ならわかりやすく書かれた参考書を参照する、古典なら教科書ガイドを併用するなどといった工夫をしてみるだけで、予習や宿題にかける時間を大幅に短縮することができるのです。

こういった集中や工夫こそが、受験勉強を効率よく進めるためのカギになります。

多すぎると思えるような宿題は、実はそれらの力をつける絶好の機会であるともいえるでしょう。

逆に、短時間で片づける努力を知らないままだと、長い勉強時間を与えられても、その時間をうまく使いこなすことができません。夏休みにこの勉強をしよう、と考える人は大勢いても、それを実行できる人は少ないゆえんです。

時間をうまく使える人は、「夏休みにやろう」と思った時点で、少しずつその勉強を進めることができています。

重要なのは、時間の使い方を体得できているかどうかです。

宿題や予習を短時間で片づけようと限界まで努力している人なら、長期休業中に飛躍的に学力を伸ばすことも可能なのだと思います。また、それができる人なら、中退という極端な選択肢まで視野に入れる必要もないでしょう。

第5章

応用実践学習作法

「シャドウティーチング」

もっとも学習効率のいい授業とは、どういう形態のものでしょうか？

学力別のグループに分けた指導？　徹底的に順位をつけて競争させる指導？　マンツーマンでの個別指導？

研究の結果、たどり着いた答えは、「人に教えさせること」だったという話を聞いたことがあります。

「人に教えるように勉強する」というのは、記述問題の対策としては当然必要なやり方です。試験問題を解くときに、読んだ人が理解できるような答案を書かなければならないからです。

実は、記号選択問題でも、応用度の高い文章の正誤判定問題になると、「人に教えるように」解かなければなりません。なんとなくでは正しいか間違っているか決めることができないので、「どこがどう違うのか」を指摘するのが、安定した解き方になるのです。

こういった「人に教えるように」という学習法を、私は「**シャドウティーチング**」と呼んでいます。**教える側が説明するやり方を真似る、それもなるべくそのまま、説明を聞い**

たらすかさずやる、というやり方だからです。無理やり漢字語に直すとすると、「脳内反復」ということになるでしょうか。

「教えるように」ということで、「自分に講義する」という意味の「セルフレクチャー」ということばも使われているようです。ただ、勉強する科目が好きで得意な人なら「セルフレクチャー」でもいいと思いますが、はじめて学ぶようなケースだと、やはりすぐれた指導者の説明を真似ることが重要です。また、新しい内容を習得するためには、すかさず自分で繰り返すということも大切だと思います。

これらのことから、私は、「シャドウティーチング」を応用実践学習作法として推奨しています。このシャドウティーチングは、すべての学科のさまざまな場面で使えますが、その中でも特にこの作法の強みが発揮される3つの使い方をご紹介していきましょう。

❶物理・化学の用語・公式の定義を説明する

❷高校数学の正答へのプロセスを説明する

❸社会の論述問題の答えをつくる

01 定義を説明する

定義をことばで正確に説明することができるようになるというのは、シャドウティーチングのもっともわかりやすい用い方でしょう。そして、これがもっとも効力を発揮するのが、物理や化学です。

物理や理論化学は苦手にする人が非常に多い科目ですが、その大きな理由は、教科書や問題集が抽象的な文字式で書かれていることです。具体的な例や見やすい図によるイメージをつくることができれば、非常に理解しやすくなります。

このことについては、先にご紹介した「具体化・可視化」の作法を用いることができますし、**『漆原晃の物理が面白いほどわかる本』シリーズ**（KADOKAWA）のように、その技法を用いて、文字どおり「面白いほどわかる」ように編集されている参考書もあります。

ただ、説明を読んでそれを理解しても、そこで終わってしまってはいけません。**その説明を自分で再現できるようにしておかないと、問題を解くときに使える知識にはならない**のです。

たとえば、波動の分野で「干渉」という現象が出てきます。「干渉」の問題を解くときには、まず「干渉とはこういう現象だから」と考えることになります。

つまり、「こういう現象だから」というのを自分で言うことができなければ、公式を覚えていてそれに当てはめるだけの問題ならともかく、少しひねられると途端に行き詰まってしまうのです。

物理では、「公式や解法を覚えたはずなのに応用問題を解けない」という生徒が大勢出ています。やはり、定義を言えるようにするなど、現象の確実な理解が必要です。

1

わかりやすくまとめられた解説を再現する

では、定義を説明するためにはどうすればいいのかというと、「**わかりやすくまとめられた解説を再現する**」というのがその答えになります。

『漆原晃の物理が面白いほどわかる本』シリーズでは、その部分が「POINT」としてよくまとまっていますから、それを再現するといいでしょう。

「干渉」なら、説明をひととおり読んだあと、本を閉じて「干渉とは」を説明できるか試します。

ここで、「波どうしが重なって強め合ったり弱め合ったりする現象のこと」という趣旨のことが言えれば成功。言えなかった場合は、もう一度本文を読み直します。

2 公式を日本語化する

物理の公式は、たいてい式に日本語の説明がついています。**再現するときは、日本語のほうが言えればいいでしょう。**

たとえば、「干渉の基本原則」なら「S2P－S1P＝m×λ」ではなく、「行路差＝整数×波長」と言えるようにしておきます。


こうして、ポイントの再現や公式の日本語化がひととおりできた、言い換えると、その単元が理解できたと思ったら総復習に入ります。

参考書の巻末の索引を見て、それぞれの用語・公式を再現していき、詰まったらその部分の説明を読んで再チャレンジ。この繰り返しによって、苦手な人が非常に多い物理の基礎を身につけることができます。

3

問題を解くときにも、自分が何をやっているかを書いておく

ポイントの再現や公式の日本語化は、問題を解くときにも毎回やっておくべきです。単に式を書いていくのではなく、**その式が何を意味しているかも書く**のです。

学校で渡されるような問題集では、解答を見てもその部分があまり書かれていないため、理解しにくいという生徒が多いようです。もっと細かい問題や高度な問題の説明がほしい場合もあるでしょう。

もちろん、教える側が直接授業で扱えればそれでいいのですが、その時間がなければ解説のくわしい問題集に頼るのが現実的です。

おすすめ教材

◉高校の物理に

『漆原晃の物理が面白いほどわかる本』シリーズ
（KADOKAWA）

◉解説のくわしい問題集として

『Doシリーズ』の『漆原の物理　明快解法講座』
（旺文社）

◉理論化学なら

『Doシリーズ』の『鎌田の理論化学の講義』
（旺文社）

02
正答へのプロセスを説明する

中学校だと、図形の証明問題を除いて、数学の答案はかなりあっさりしています。答えを書くだけだったり、記述式でも途中経過は式をいくつか書くだけという程度です。

けれども、高校数学は違います。そこには、式が複雑になるので計算も長いとか、グラフや表を書かなければならないという事情もあります。

しかし、それを抜きにしても、ことばで10行以上の答案を書くべき問題がたくさん出てくるのです。計算式をいくつか書いただけの答案だと、たとえ答えが合っていてもほとんど点数がつかないということがあります。

1 解答の設計図を把握する

10行以上の記述に計算、グラフや表まで含んだ解答をつくらなければならない。これが高校数学のむずかしさです。

高校数学では、「解法を覚えること」が重要だといわれていますが、模範解答全体を暗記するようなことはほぼ不可能。**覚えるべきは、「ここでこうして、ああやって……」という手順です。**

前の章で触れた「全体の構造」、あるいは「解答の設計図」と言い換えてもいいでしょう。**全体を覚えるのではなく、覚えている設計図から全体を再現するのが高校数学の学習法**だということです。

設計図に現れる1つひとつの手順は、意外と共通しているものです。実は、「具体化する」「可視化する」といった作法も、それらの1つであると言うことができます。

2

手順を再現する

数学が得意な人であれば、問題を解いたり「チャート式」などの解答を読んだりするだけで設計図を見抜くことができます。また、見抜いた設計図を無意識のうちに使いこなすこともできるようです。

一方、得意でない人はそもそも問題を解けませんし、解答を読んでも何をやっているのかうまく理解できません。そこで必要になるのが、**「手順を言語化する」**というプロセスです。物理や化学の問題集と同様です。

旧課程時代には、『センター試験よく出る過去問トレーニング』（中経出版）という良書がありました。題材はセンターの過去問ながら、基本中の基本から解説されているので、苦手な人でも十分理解できるというものです。

この本で、ある程度複雑な問題になると紹介されていたのが、「思考回路の手順」として言語化された手順です。

たとえば、苦手意識を持つ生徒の多い「二項定理の考え方」として、①どの文字が何個出されればいいのか、②それらの文字の並べ方を求める、といった箇条書きがされています。

苦手意識を持つ生徒が覚えるべきは、この部分です。**言語化して覚えた手順を言いながらであれば、手を止めることなく答案をつくっていくことができる**でしょう。

もし学校で『ニューアクション』シリーズ（東京書籍）が採用されていれば、「解法の手順」を同じように使うことができます。

3 大量の設計図に触れる

序章でも触れた、灘やラ・サールにおける数学の演習授業は、この意味でも非常に効果が高いと考えられます。生徒が黒板に書く答案をもとに、教師が解説を加えていくという形式なのですが、その答案の数がかなり多い。さすがに、一斉に黒板に書かれたそれぞれの答案について隅から隅まで解説することはできません。

すると、必然的に答案の骨子となる重要部分、すなわち「設計図」にあたるような内容の説明が中心になります。つまり、数学に強いとされる学校の生徒たちは、日常的に、言語化された手順に触れているということです。

自力で解答から設計図を読み取ることができない人が、そういった有名校の生徒に対抗するには、**やはり大量の設計図に触れ、それを再現する練習をするといいでしょう。**

設計図にあたる「言語化された手順」を収録した参考書型問題集は、以前なら高校生向けのシリーズがいくつか出ていましたが、現在市販されているものは限られます。

将来的に国立の難関大学や医学部の受験を考えているのであれば、多少背伸びをしてでも早めに触れておくことをお薦めします。

拙著**『学習の作法　実践編　東大基礎力養成　中学生のための勉強法』**（ディスカヴァー、2010年発売）では、高校入試で最重要クラスの問題に設計図をつけています。解説も十分くわしいので、中学数学の範囲がひととおり学習できていれば、これを自分で言えるようにしていけばいいということが理解できると思います。

大学入試用では、『入試の核心』シリーズ（Z会）の解答に理想的な設計図がついています。やはり入試の重要問題で、解答そのものはそこまでくわしくないので、教科書レベルからいきなりすべてに取り組むのは厳しいかもしれません。その場合は、得意な分野だけでも設計図をモノにしておけば、その後の学習がとてもスムーズになるでしょう。

4　すらすら言えるまで繰り返す

すでに示されている設計図を使うにしろ、自分で読み取ったものを使うにしろ、それをすらすら再現できなくては意味がありません。

数学に時間をかけることができて、しかもそれが苦にならない人なら、自分で答案全体を何度もつくってみるのもいいと思いますが、数学を短期間でマスターしなければならない、あるいはあまり時間をかけたくないという人は、設計図の再現に力を入れます。

灘やラ・サールの先生方がやるように、**答案を見て設計図部分を説明する練習や、問題だけを見て設計図を説明する練習です。**

問題を見て、設計図を思い浮かべ、それに沿って答案を書いていく流れの中で、設計図を思い浮かべるまでを集中的に訓練するのです。このやり方なら、答案全体を何度も書くより、はるかに短時間で応用問題の解法を覚えていくことができます。

ただしその場合でも、計算練習が別途必要になることは忘れないでください。

おすすめ教材

◉大量の設計図に触れる

『入試の核心』シリーズ
（Z会）

03

論述問題の答えをつくる

次に、社会の論述問題を取り上げます。

社会の論述問題の対策といえば、書くこと自体が中心のように考えられているようです。たしかに実際に書いてみることでも実力はつきますが、それだけで必要な考え方が身につくとは限りません。

論述用の問題集や参考書を見ると、模範解答以外にもていねいな解説や「構成メモ」がついています。その**解説の根幹となる部分や、答案を書く前の構成メモを誰かに教えるように再現することで、効率よく得点力を伸ばすことが可能です。**

1

解答の骨組みを理解する

模範解答が長い場合、それ全体を覚えるのが非現実的だというのは、数学の解法を覚えるときと同様です。**学習法としては、解答そのものではなく、その設計図を覚えるというのが効果的**でしょう。

論述問題の設計図を理解するには、まず解説を読んで、周辺事項の知識を整理します。その中から、問題の答えに使えそうな事項を抜き出し、誰かに教えるように再現してみるのです。

難関大学の世界史対策で使われる**『世界史論述練習帳new』**（パレード）は、構成メモそのものの作成が課題とされている点で使いやすいでしょう。

模範解答にはややクセがあり、そのまま真似するのは難しいことなどで賛否が分かれる本なのですが、構成メモの部分を練習するだけでも、十分実力を伸ばすことが可能です。

2

答案の脳内反復！

解答の骨組みが再現できるようになったら、答案を書いてみるのがふつうのやり方でしょう。うまく書けないようなら、最初は解答を見ながらそれを真似てみます。

おすすめ教材

◉難関大学受験用

『世界史論述練習帳new』
（パレード）

このとき、論述問題の答案には、ふだんあまり使わないような独特の表現もありますが、**そのまま写してはいけません。**一瞬でも、模範解答の内容を覚えることが重要です。**少し見たあと、模範解答を隠して、その覚えた範囲内の答案を書いてみる**というのがいいと思います。

なお、ある程度訓練ができれば、**この作業はすべて頭の中で行うこともできます。**最初にメモ書きした答案の設計図を見ながら、答案を口頭で再現していく。これはまさに先生方が授業のとき行っているような方法で、それほど長い時間をかけずに応用問題が解けるようになる、究極の学習法といえるかもしれません。

3 「それがないとどうなるか」を考える

この考え方がもっとも直接的に役立つのは、記述問題の字数制限が厳しいときに、「どの要素を優先して書くべきか決める」という**答案の推敲テクニック**としてでしょう。

「一言でいえばどうなるか」をわかったうえで答案を書いていくのが理想ではありますが、実際の記述答案にはさまざまな要素が詰め込まれます。制限時間がありますから、より点数がとれる答案にするためにできることも限られてきます。

頭の中であちこち削ったらどうなるか考えてみた結果、ここだけは絶対削れない中心のポイントだと気づけば、下書き段階では整理できていなかった構造が一気にはっきりするということもあります。

つまり、字数を詰めるテクニックであるのと同時に、字数が多いときにどの要素を中心にすべきかを決めるのに役立つ考え方でもあるということです。


現代文で、ある表現の効果を説明させるような問題では特に効果的でしょう。

たとえば、「　」がついていることによる効果を説明させる問題であれば、「　」を外した文では、元の文とどう意味が違うのか、と考えます。

「　」がなくても文脈が変わらないようなら何かを強調しているということでしょうし、まったく違う意味になるようならその意味の違いを示すのが主な効果となります。

また、ある制度そのものやシステムの一部分が果たす役割を理解するという段階でも役立ちます。

たとえば、選挙制度の話題で「供託金」の意義を理解するには、「もし供託金という制度がなければ、どういうことが起こるか」と考えてみるといいでしょう。「候補者の質の維持」などと覚えようとするよりは、一度「タダなら、冷やかしやウケ狙い、宣伝目的の候補者が乱立する」という事態を想像してみたほうが、はるかによく記憶に残ります。

これは、理系科目でも同様です。腎臓の役割を「血液のろ過」とだけ覚えようとしても、それがどういう意味なのかピンとこない人がいそうですが、「糖尿病などで腎臓の機能が低下しすぎると、尿毒症で死んでしまうので人工透析が必要になる」という関連知識から考えればすっきりと理解できます。

また、論述答案として求められたときにうまく説明することもできるでしょう。ちなみに、現行課程の高校理科では、文系でも学ぶ基礎科目に、糖尿病のような生活にかかわる知識が多く配置されています。

それも、**単なる用語暗記ではなく、そういったことがらの仕組みを理解し、説明できるようにするということが志向されている**のです。

実は従来でも、この考え方自体は数学の「背理法」として教えられていました。その応用範囲を生活に身近なところまで広げやすくなっている、と見ることもできるかもしれません。

学習能力を高めるという意味でも、生活に活かせるようにするという意味でも、ものごとの意義や役割を理解、表現するために、ぜひこの作法を身につけてほしいと思います。

シャドウティーチングは、法律系資格の常識的学習法

設計図を覚えるようなやり方とはいえ、論述問題を暗記でカバーするという学習法には違和感を持たれる方がいらっしゃるかもしれません。しかし、大学受験はもとより、司法試験をはじめとする法律系資格の学習法としては、もはや定番の方法なのです。

伊藤塾やＬＥＣといった大手法律予備校が出すメインテキストには、「論点ブロックカード」と呼ばれる、模範解答の一部を切り取ったようなまとめがついています。司法試験を目指す学生は、それら「ブロックカード」の設計図を覚え、カードの内容を再現するような訓練をしているのです。

カードそのものを丸暗記した結果、「思うに」「けだし」といった不自然な表現を答案に書く学生もいるようですが、それは使い方を誤っていると言うべきでしょう。うまく使いこなせば、設計図を覚えることによって法律科目に共通する考え方、いわゆる「リーガルマインド」を身につけることができます。

伊藤塾の伊藤真塾長が「セルフレクチャー」ということばで、この学習法の長所を強調しているように、私も決してこれは邪道などではないと考えます。

なお、『**東大合格への日本史**』（データハウス）は、この「ブロックカード」に非常によく似たコンセプトでつくられていて、法学部志望者には特におすすめの参考書です。

料理もこれで覚えられる

「シャドウティーチング」は、数学と社会の論述問題に共通する応用範囲の広い学習作法です。受験勉強に限らず、仕事や日常生活のさまざまな場面で使えるのではないでしょうか。

たとえば、料理のつくり方も、この「シャドウティーチング」で覚えることができます。料理のレシピを覚えるのに、すべてを細かく覚えていなくとも、設計図にあたる部分を何度も口に出して覚える。

一人暮らしの経験があればわかるのですが、重要な部分さえ覚えてしまえば、あとはわりと、何とかなるものです。そのときどき、冷蔵庫にある材料や気分によってアレンジしてみる楽しさもあります。

ほんとうにこの作法を身につけている人なら、「勉強しかできない」というようなことはないでしょう。

第5章のまとめ

▼応用実践学習作法　「シャドウティーチング」

1 定義を説明する

① わかりやすくまとめられた解説を再現する
② 公式を日本語化する
③ 問題を解くときにも、自分が何をやっているかを書いておく

2 正答へのプロセスを説明する

① 解答の設計図を把握する
② 手順を再現する
③ 大量の設計図に触れる
④ すらすら言えるまで繰り返す

3

論述問題の答えをつくる

①解答の骨組みを理解する
②答案の脳内反復！
③「それがないとどうなるか」を考える

COLUMN 6

点数がとれる記述答案とは

「分析の作法」のところで、完全なグラフや表が書かれている答案は評価が高くなることに触れました。グラフや表が書かれていれば、なぜその答えになるのかという根拠が明確になるからです。

これも含めて、点数がとれる記述答案の条件を整理してみましょう。

数学のような理系科目で評価が高くなるのは、**「なぜそうなるのか」が明確に表現されている答案**です。

新しい式を書くときには、なぜその式が出てくるのかを必ず書くこと。簡単なものでも、「仮定より」「上のグラフより」などの一言が入っているかどうかだけでも、答案全体の印象がずいぶん違ってきます。

さらに、答案中で多数の式やグラフ、表が出てくる応用的な問題では、それぞれに番号をつけてどれを使っているのかを示すことが重要です。それがないと、解いている側も何をやっているのかわからなくなることがたびたびあるのですが、採点する側はなおさらです。

どこからそれらの式が出てきたのか書かれていない、さらに式をどう使っているのかもよくわからないという、いわゆる「式の羅列」のような答案は、たとえ最終的な答えが合っていても、点数が非常に低いということがありえます。

式の羅列のような答案は、数学が苦手な人だけでなく、非常に得意な人でも書いてしまうことがあります。

大学によっては、「自分はわかっているからいいや」と雑な答案を書くクセがついてしまった結果、よくできたはずの数学がまさかの低得点だった、という事態が頻発します。

早くから数学で「答えを出す」という意味での難易度を大胆に下げてきた京大では、これが顕著。実際に数学が得意な受験生が多いこともあって、例年、答案の書き方で大きな差がついているようです。

まとめると、理系科目で点数がとれる答案には、

1　式が出てくる根拠が明確に書かれている
2　完全なグラフや表が提示されている
3　式やグラフに番号を振って整理してある

といった特徴があります。その科目が得意な人でも、ついないがしろにしがちなので注意しましょう。

文系科目では、まず**模試と実際の入試で採点基準が大きく異なる場合がある**ことに注意が必要です。

模試ではたいてい加点要素を細かく設定し、「その要素が1つあるごとに何点」という点数のつけ方がなされています。このため、いろんな要素を詰め込んだ答案の評価が高くなりがちです。

ところが、実際の入試では、この「要素詰め込み型」の答案はバッサリ0点にされ

ることが珍しくないようです。それぞれの要素らしきものが含まれていても、答案全体として何を言っているのかよくわからないようだと、ほとんど評価されないことがあるのです。

こういった採点の根拠は、設問をよく見てみればはっきりします。記述問題の主流となる設問には、「説明しなさい」とある。何を言っているのかよくわからない、つまり**説明になっていない答案は、設問の指示に従っていないことになるのです。**

答案を見直す際は、**「問題の長文を読んでいない第三者にも、言いたいことが通じる」程度のわかりやすさを目安にすれば間違いない**でしょう。

予備校で、「何を指しているのかわからない指示語や本文中の専門用語を、そのまま使わないように」というテクニックを指導されたりするのには、実はこういう意味があるのです。

まとめると、文系科目では**「論旨がわかりやすいこと」を前提として、必要な要素が不足なく盛り込まれた答案**が、「点数のとれる答案」ということになるでしょう。

「表現力」が身につく家庭環境とは——あとがきにかえて

入試改革が進んで思考力や表現力、さらに「主体性」「多様性」のような要素まで評価されるようになれば、**学力の格差は拡大・固定化に向かってしまう**——受験業界では、もっぱらこのように評価されているようです。

学力調査の分野別得点状況などのデータから、私もそのとおりだと考えています。「主体性」「多様性」についても、入試の場面では表現力として評価されそうなので、ここではその一要素としてとらえています。

なお、文部科学省の資料では、「主体性」「多様性」に並んで、「協働性」があげられています。しかし、「主体性」「多様性」が従来の学校教育では後回しにされてきた、というより、むしろ抑圧されてきた要素であるのに対し、「協働性」はそれなりにいままでも重視されているので、ここではあえて取り上げません。

知識量を重視する従来の入試は、思考力が伸びない、実生活の役に立たないなどと批判されてきました。一方で、努力が結果に結びつきやすいことから、その公平性については高く評価されています。

今世紀に入って、「処理能力重視」にシフトしてからもそうです。勉強法や入試の傾向についての情報格差は広がったかもしれませんが、情報を集めて傾向に合った努力をすれば、誰でも国立の難関大学に合格できることに変わりはありません。

もちろん、現在でも経済力による学力格差ははっきり存在しており、子どもが東大に合格する家庭の平均年収は一千万円を超えています。しかし、1、2割の東大生は世帯年収が平均をかなり下回る家庭の出身なのです。

危惧されるのは、入試改革によってその1、2割すらも排除されていく可能性です。生徒本人の努力だけでは克服困難な要素が増えてくるからです。家庭環境や育った地域によって進学できる大学が決まる、努力が報われない格差固定社会になってしまいかねません。

＊「話を聴いてあげる」ことで、表現力は伸ばせる

では、これからの難関大学入試にも対応できる、つまり表現力や「主体性」「多様性」を伸ばせる家庭というのはどういう環境なのか。

すでに「東大生の親の共通点」などとして、さまざまな情報が氾濫しています。

「ピアノを習わせるとよい」
「リビングで勉強させるのがよい」
「納豆を食べさせるとよい」

といった具合に、です。それぞれ、部分的にはそうかもしれないと感じる点はありますが、どれも本質ではないでしょう。

環境の中で表現力にもっとも影響するのは、「誰かが話に耳を傾けてくれるかどうか」ということだと思います。

むろん、ただ何かを言わせてもらうだけではなく、**それを肯定的にとらえてもらうことがポイント**になります。そのことによって、何かを話したり書いたりすることのインセンティブが働くからです。

ところが、従来の学校教育では、そもそも体系的な作文や会話についての指導は行われていませんでした。むしろ、特定の答えだけを期待し、少しでもずれていれば叱ったりバカにしたりしがちなため、表現力は伸びるどころか、逆に芽が摘み取られてきたわけです。

トラウマになるようなひどい怒られ方だったりすると、強烈な逆インセンティブになるでしょう。たとえるなら、消費増税が消費を抑制するように、多くの学校では表現にペナルティを与えて表現自体を抑制するような環境になっているように思います。

新しい入試に対応できるのは、塾や家庭で十分な表現の訓練を積める、ごく一部の受験生だけになってしまうのではないかと懸念されるゆえんです。

「主体性」を身につけるのに大切なのは、選択肢を与えられることだと思います。単に大量の課題というのは、知識をつけるのには効果的なこともあるかもしれませんが、主体性には結びつきにくいでしょう。

自分で選ぶということは、その時点で何らかの基準を持って判断しているということになります。その基準が適切なものであったかどうかはともかく、判断をするということ自体がよい経験になりますし、その後のモチベーションにつながります。

たとえば、同じ塾に通うにしても、親から一方的に決められるより、生徒自身が選んだ場合のほうが結果を出しやすい。いまは大都会でなくとも、たいてい通常の教室かオンライン予備校かの選択肢ならあるでしょう。

「多様性」を身につけるには、やはり多様な趣味や価値観を持った人たちと接し、それを尊重することでしょう。それが各界の著名人だとか外国人のように、まったく違う価値観を持った人だと効果は大きいのかもしれません。

昔はそれが上流階級の特権だったのでしょうが、いまならネットを通して誰でも可能だと思います。そこまでいかずとも、あるいはネットの利用にはこだわらずとも、クラスメイトや同居している家族のほかに、趣味のコミュニティとか遠方に住んでいる親戚とのつながりがあれば、ずいぶん違ってくると思います。

私自身は北海道から鹿児島、ふつうの公立から名門進学校と、国内ではありますが、多感な時期にかなり極端な異文化を経験したことで、多様なものごとの見方ができるようになったとはっきり自覚しています。

＊では、「表現力」を伸ばすためにもっとも重要な要素とは？

「表現力」の身につけ方をあれこれ書いてみましたが、そもそもあることがらについて話したり書いたりできるほどの知識や経験がなければ、うまく表現はできないでしょう。

作文の答案で同じ内容を繰り返し書いてばかりだったり、面接で質問と無関係なことばかり答えたりすれば、表現力が低いとみなされます。

逆に、「オタク」と呼ばれる人たちは、いわゆるコミュニケーション能力や表現の技力は低いことも多いのですが、自分の好きなことであれば長時間話を続けられます。オタク、と言ってしまうと一部の少数派のようですが、たとえば雑談はあまりしないが仕事のことならよくしゃべるような人も同様です。

それを可能にしているのは圧倒的な知識量です。それも、クイズ形式で聞かれたら答えられる、というだけではなく、すぐにでも人に教えられる、むしろ聞かれてもいないのに話したくなるレベルまで鍛えられた知識です。

記憶に強く刻まれて人に話したくなるような経験をする、好きなことは自分の言葉で語れるくらいまでやり込む、そういう余裕が持てること――これこそが表現力を伸ばすための環境として、もっとも重要な要素ではないでしょうか。

ただし、親が好きになってほしいと思ってやらせた習い事を、子どもが好きになるとは限りません。「子どもをアニメオタクにしたいなら、幼少期から徹底的にアニメを禁止しろ」などということが言われているくらいで、むしろ禁止・制限されたことのほうが興味を引くものです。

禁止されていた反動とまでは言わなくとも、無理に習わされたことではなく、親自身が好きで楽しんでいる趣味や仕事に興味を持って同じ道に進んだという話はよく聞くのではないでしょうか。

子どもの話を否定的にならないでよく聴き、多くの選択肢を与え、交友関係が広く、もしくは自身が多様な趣味を持っていたり、ものごとの考え方ができたりするのが望ましいと考えていくと、かなりハードルが高く見えるかもしれません。

実際に、それらをこなしてしまっている「プロの教育ママ」のような方がメディアに取り上げられたりもしているようですが、**親がそれらをすべて一人でこなす必要など、どこにもない**ということは知っておいてほしいと思います。


親御さんが、もっとがんばらなければ、子どものためにしてあげなければ、と考えすぎてあれこれ詰め込みすぎ、かえって消化不良になってしまっているような生徒を数多く見てきました。

得意なこと、好きなことは大いに行い、苦手なことは苦手と認めたうえで、それが得意な誰かにまかせる。むしろ、そのほうが過剰なプレッシャーがないことから、すぐれた環境と言えるかもしれません。

私自身も、学習技術や知的好奇心を刺激する素材の提供といった面で、可能な限りそうした「まかせる先」の選択肢であり続けたいと思います。

なお、本書の内容は小学生から大人まで活用できるものとなっておりますが、おもに中学生から高校生を意識して書きました。

また私自身、難関私立中学受験は専門外です。小学生のお子さまがいるご家庭の心構えを示した本としては、『合格する親子のすごい勉強』(かんき出版)が秀逸ですので、そちらをあわせてお読みになることをおすすめします。

2017年冬　自戒を込めて

天流仁志

付録

目的別受験対策カリキュラム

❶ 公立中高一貫校受験

国語	『おはなし推理ドリル』シリーズ(学研プラス) ↓ 『中学受験基礎ドリ　漢字・熟語』(文英堂) 『中学受験基礎ドリ　慣用表現・ことば』(文英堂) ↓ 『ほんとうの「国語力」が身につく教科書』※1(Z会国語力研究所) ↓ 『国語力の基礎　書く力をつける』(学研プラス) ↓ 『すべての学力の基礎　作文力をつける』(学研プラス)
算数	『小学4年生までに身につけたい和差の思考センス』(文英堂) ↓ 『小河式3・3モジュール』シリーズ(文藝春秋) ↓ 『中学受験基礎ドリ　計算問題』(文英堂) ↓ 『どっかい算』(M.access) ↓ 『公立中高一貫校をめざす適性検査対策問題集』(文理)
理科	『入試に出る○○図鑑』シリーズ(Z会) ↓ 『中学受験基礎ドリ　物質とエネルギー』※2(文英堂)
社会	「都道府県地理カード」「日本歴史カード」(主婦と生活社) ↓ 『中学入試社会実力突破』(増進堂) ↓ 『PISA型読解力を鍛える社会科「資料読み取り」トレーニングシート』※3(明治図書出版)

公立の中高一貫校を受験するのに必要な知識は多くありません。基本的な読み書き、計算を確実にこなしていれば十分です。しかし、「PISA型読解力」と呼ばれる俯瞰や分析の力、また考えを適切に表現する力は、ほぼ共通して要求されています。

これらの力を伸ばすためには、基本的な語彙力や分析の作法を身につけたうえで、多くの問題にあたることが有効です。

分析の作法については、『和差の思考センス』が非常にわかりやすいので、問題なく薦められます。また、『書く力をつける』や『対策問題集』といった応用問題集には指導のためのポイントが書かれているので、おうちの方でも教えられます。

一方、『ほんとうの「国語力」が身につく教科書』だけは、指導経験がないと使いにくいと感じるかもしれません。その場合、教える側が『受験国語の読解テクニック』を読んでおき、余裕がなければ最初から簡単な設問もついている『名作100』がよいでしょう。

※付録の参考書・問題集を載せた特設サイト
http://booklog.jp/users/gakuzaikoubou/matome

参考:偏差値60くらいまでの私立中学校受験対策

国語	『受験国語の読解テクニック』『中学受験基礎ドリ』(ともに文英堂) ↓ 『開成中学入試問題講義の実況中継　国語』(語学春秋社)
算数	『小学4年生までに身につけたい和差の思考センス』(文英堂) ↓ 『塾で教える算数』2冊+『塾技算数』シリーズ(いずれも文英堂) ↓ 過去問を大量に演習
理科	『入試に出る◯◯図鑑』シリーズ(Z会) ↓ 『中学入試　理科　塾技80(中学入試　塾技)』(文英堂)
社会	「都道府県地理カード」「日本歴史カード」(主婦と生活社) ↓ 『社会コアプラス』(代々木ライブラリー) ↓ 『頭がよくなる謎解き社会ドリル』(かんき出版)

都市部の難関私立中学校を受験しようとすると、必要な知識の量が跳ね上がってしまいます。最近は「塾で教える」シリーズのようにわかりやすい参考書も増えていますから、家庭教育で学力を伸ばすことは以前と比べて理論的には容易になっています。

しかし、その量があまりに膨大であることから、実際にそれができるかというと、別な問題も出てくるでしょう。

学習量に関して言えば、公立で要求されるような応用力が不要というわけではありません。ほぼ公立向けのカリキュラムをベースに上乗せすることになります。

国語については、公立と比べて狭義の受験テクニックである解答術がより重要になってきます。算数や理科・社会では、必要な知識の量が圧倒的に多くなっています。特に算数は、上位校だと覚えるべき解法が相当多くなります。

それを覚えたからといって、数学の学習に役立つかと言えばそうとも言えませんから、積極的には薦めませんが、受験を考えるならそれにふさわしい覚悟が必要だという点は指摘しておきたいと思います。

さらに、このあと受験予定校の過去問5年分や「電話帳」と呼ばれる多くの学校の入試問題を収録した分厚い本で大量の演習をこなす、というのが私立中学校入試対策の常識とされています。

また、難易度の高い中学校を受験する場合は、学校ごとの傾向に合わせた対策も必要になってきます。くわしくは、「中学受験鉄人会」のサイト(http://www.chugakujuken.net/)を参考にするとよいでしょう。

※1　問いかけるのに自信がなければ、『中学入試にでる名作100』のほうが使いやすい
※2　『和差の思考センス』を先に使うこと
※3　『書く力をつける』の後がスムーズ

❷ 国公立高校受験

英語	『99パターンでわかる中学英語文型の総整理』(学研プラス) オプションとして 『東大生が書いた つながる英文法』(ディスカヴァー) ↓ 『完全攻略 中学英文法』(文理) 『高校入試 短文で覚える英単語1900』(文英堂) ↓ 『高校とってもやさしい英文解釈』(旺文社) ↓ 『実戦!英語長文はこう読む!!』(富士教育出版)
数学	『語りかける中学数学』(ベレ出版) 『高校入試突破 計算力トレーニング』(桐書房) ↓ 『驚異のサザンクロス方式 中学数学の文章題』(実業之日本社) ↓ 『中学数学発展篇 入試実践』(文藝春秋)
国語	『中学漢字スタートアップ 基本漢字1400』(現文舎) ↓ 『やさしくわかりやすい中学国語』(文英堂) ↓ 『「解き方」がわかる国語文章読解』(学研プラス) 『こわくない 古文・漢文』(くもん出版)
理科・社会	『完全攻略』シリーズ(文理) ↓ 『高校入試5科記述問題の攻略』(富士教育出版)

最近は、高校入試でも応用力重視の傾向が強くなってきていますが、都立日比谷高校など一部を除けば、まだまだ中学入試や大学入試と比べて楽な試験だといえます。
「できるまでやる」「できることをさらに繰り返す」といった基本的な作法が身についていれば、地域トップ校といえども合格は難しくありません。

ただし、小学校内容が身についていなければ話は別です。以前は中学入試向けしかなかったような基本作法を身につけられる参考書が、いまは中学生向けも揃ってはいます。しかし、それらにしても知識面で小学校内容に抜けがあると厳しく、特に国語が苦手な子の場合、「公立中高一貫」向けのメニューをしっかりこなしたうえで、このカリキュラムに入るべきです。

理科・社会の『完全攻略』シリーズは、学年や進度によって使いやすいものが違います。学校の進度や公開テストにあわせて、分野ごとのものを進めるのが理想的ですが、3年生になってから「総復習」でまとめて復習する形でも、かなりの効果が期待できるでしょう。

※付録の参考書・問題集を載せた特設サイト
http://booklog.jp/users/gakuzaikoubou/matome

参考:難関私立高校受験

英語	『学習の作法　実践編』(ディスカヴァー) 『大学入試英語長文ハイパートレーニング レベル1 超基礎編』(桐原書店) 『中学英熟語500:新STEP式』(受験研究社) 『イチから鍛える英語長文Basic』(学研プラス) 『高校入試スーパーゼミ英作文』(文英堂) オプションとして　『もっとつながる英文法』(ディスカヴァー) 『キクタンリーディング「Basic」4000』(アルク) 『英作文基本300選』(駿台文庫)
数学	『学習の作法　実践編』(ディスカヴァー) 『高校入試数学にでる順テーマ100』(KADOKAWA)
国語	『中学漢字スタートアップ　受験漢字1900』(現文舎) 『学習の作法　実践編』(ディスカヴァー) 『入試現代文へのアクセス基本編』(河合出版) 『高校受験必須現代文・難語1500』(アーバン) 『国語　上級問題集』(旺文社)
理科・社会	『中学総合的研究問題集　社会』(旺文社) 『塾技80理科』(文英堂)

難関高校受験向けの勉強は、そのまま大学受験につながるような内容が多いです。この点は中学受験と事情が異なります。実際には公立高校しか受けない人でも、余裕があればぜひやってほしいところ。

特に英語は、中学時代やらなければ抜けがちな「高校初級レベル」の知識を前もって習得することが可能です。現実として、この部分ができている生徒は圧倒的に名門一貫校に多いので、受験勉強を通して名門校の優等生との差を埋めるチャンスなのです。

数学については、「これをやるより高校内容を先取りすべきでは?」と思われるかもしれません。しかし、ここでも名門中学校の生徒は、このくらいのレベルの勉強を当たり前のようにこなしていることは知っておくべきだと思います。

なお、進学校の場合は、「センター試験や国公立大学二次試験で高得点をとれそうな生徒」を入学させたいという意図が共通しているため、さほど個別の対策は必要ありませんが、大学付属校ではかなりクセのある出題をするところもあります。次のサイトが参考になるでしょう。http://www.waseda-eg.com/kouju/

・高等学校卒業程度認定試験(いわゆる高認、旧大検)の対策

理科・社会も、「完全攻略」シリーズを仕上げていれば、「科学と人間生活」「地理」「現代社会」あたりは十分得点できます。ただし、それだけでは範囲が足りない科目も出てきます。「数学」「世界史」と「科学と人間生活以外の理科」がそれです。それでも、単純な知識問題だけをとれば、十分合格可能なレベル。

数学は、『やさしい数学Iノート』(旺文社)でほぼ万全の対策がとれます。世界史や理科は、『早わかり一問一答』シリーズ(KADOKAWA)で用語のみ覚え、過去問で知識問題を拾う練習ができればいいでしょう。世界史は、用語を丸暗記するのが嫌いなら、『マンガ　世界の歴史がわかる本』シリーズ(三笠書房)などを繰り返し読むというのも有効です。

❸ 非難関国公立大学受験（センター試験7割台が目標　※7割台を目指すのにおすすめの科目が前提として）

古文	『望月光の古文教室』（旺文社） ↓ 『コブタン』（ゴマブックス） ↓ 『センター古文　満点のコツ』（教学社）
漢文	『三羽邦美の漢文教室』（旺文社） ↓ 『センター漢文　8本のモノサシ』（ブックマン社）
英語	『データベース3000』（桐原書店） ↓ オプションとして　『もっとつながる英文法』（ディスカヴァー） 『入門英文解釈の技術70』（桐原書店） ↓ 『東大英語長文が5分で読めるようになる　英単熟語編』（語学春秋社） 『英語構文基本300選』（駿台文庫） 『キクタン　リーディングベーシック4000』（アルク） 『センター試験　英語リスニング　いっき集中攻略法』（KADOKAWA） 『センター試験　英語（文法・語句整序・発音・アクセント・リスニング）の点数が面白いほどとれる本』（KADOKAWA） 『センター試験　英語［読解］の点数が面白いほどとれる本』（KADOKAWA）
数学	『大学入試・センター突破　計算力トレーニング　上・下』（桐書房） 『定期テスト対策　数学の点数が面白いほどとれる本』シリーズ（KADOKAWA） 『30日完成!センター試験対策数学』シリーズ（数研出版）
現代文・倫理	『中学漢字スタートアップ　受験漢字1900』（現文舎） 『入試現代文へのアクセス基本編（前半）』（河合出版） 『蔭山のセンター倫理　ポイント&キーワード』（学研プラス） 『入試現代文へのアクセス基本編（後半）』（河合出版） ↓ 『読解を深める現代文単語』（桐原書店） ↓ 『大学入試　全レベル問題集　現代文2　センター試験レベル』（旺文社） 『マーク式基礎問題集　現代文』（河合出版）
世界史	『高校これでわかる世界史B』（文英堂） ↓ 『浮世博史のセンター一直線』（文英堂）
生物基礎・地学基礎	『はじめからていねいに』シリーズ（東進ブックス） ↓ 『リードライトノート』シリーズ（数研出版） ↓ 『10日間完成　文系のための分野別』シリーズ（旺文社）

物理	『物理基礎・物理が面白いほどわかる本』シリーズ(KADOKAWA) ↓ 『漆原の物理　明快解法講座』(旺文社) ↓ 『30日完成!センター試験対策物理』(数研出版)

国公立大学に入るために必要な学習量は、公立高校に入るためのそれとは比べものにならないほど多くなっています。中学時代サボってしまった科目があるようなら、その穴埋めもしなければなりませんから、さらに多くなります。

それでも、難関大学向けの教材をいきなり使ったりせず、センター試験に目標を絞れば、ある程度は学習量を限定できます。それがこのカリキュラムです。

いずれの科目も、知識の網羅性を「センターレベル」に設定することで、暗記しなければならない量をできるだけ抑えてあります。

一方で、センター試験の応用度はなかなか高め。単純に用語を覚えただけでは、なかなか高得点を見込めません。そこで、『30日完成!センター試験対策』など、過去問にくわしい解説をつけた教材を使うことで、効率よく応用的な考え方を習得します。

また、世界史を除いて、程度の差はあっても制限時間が厳しく、スピード勝負になるのがセンター試験。各科目で制限時間つきの演習教材を入れて、スピードを意識した学習ができるようにしてあります。

・小学校中学年までのおすすめ教材

最近は小学校低学年にも対応した、作法習得に適した教材が充実してきています。必ずしも低学年のうちにやっておくべきということではなく、前の学年の復習として、まとめて学習するような使い方だと効果が大きいと思います。

『満点力ドリル』シリーズ(増進堂)

できるまで繰り返すという作法の基本が組み込まれている漢字と計算のドリル。「タイムアタック」という用語もそのまま。

『思考力アップ算数』シリーズ(数研出版)

学年に応じて、無理のない範囲で分析力を伸ばせるように設計されている、入試改革対応と思われる問題集。

『小学漢字スタートアップ』シリーズ(現文舎)

本文で紹介している『中学漢字スタートアップ』シリーズの小学バージョン。書き取りの注意点が収録されているなど、小学生向けの工夫がある。

『ロジカルキッズワーク』シリーズ(学研プラス)

表現力を中心に、入試改革を強く意識しているワーク。類書と比べて飽きさせないような工夫が多く、低学年向けという点では使いやすい。

『マンガでわかる! 10才までに覚えたい言葉1000』(永岡書店)

インパクトの強いものが多いマンガと穴埋め問題の組み合わせで、覚えやすさが抜群の語彙力強化本。

参考:難関大対策の方法論と2017年時点での最新おすすめ参考書

文系　『親と子の最新大学受験情報講座　文系編(3訂版)』(ディスカヴァー)
理工系　『親と子の最新大学受験情報講座　理系編(3訂版)』(ディスカヴァー)
国公立医学部　『新・受験技法 医学部合格の極意　国公立編』(新評論)
私立医学部　『全国医学部最新受験情報』(時事通信社)

本書で示したのは、ほとんどの受験勉強に共通するような「学習の作法」です。難関大学の入試であろうと応用がきくやり方です。

しかし、難関大学の入試では学校ごと、学部ごとに、科目のバランスや求められる能力も異なってきます。東大英語の高度なリスニング、京大数学の論証問題など、特殊な対策が必要になってくるケースが出てくることも珍しくありません。

拙著『親と子の最新大学受験情報講座　文系編』、および共著の『理系編』では、そういった各大学が求めている能力や、その能力をつけるための対策メニューを解説しています。『理系編』で十分カバーできていない医学部受験についても、上記のような素晴らしい本が出版されています。難関大学の受験を考えている、そのほか何らかの形で難関大学受験にかかわりを持とうとしている方は、ぜひ読んでほしいと思います。

以下の参考書は、まだそれらにも収録されていない、最新のおすすめ本となります。あくまで難関大対策なので、センター試験で最低8割程度は得点できることが使用の前提であるという点にはご注意ください。

『世界一わかりやすい京大の理系／文系数学　合格講座』

京大は早くから難問の出題を抑え、答案の書き方で差がつく傾向の問題にシフトしていたので、他大学の受験者にとっても2020年以降の、さらにいえばすでにその方向に変化しつつある入試への対策には有用と思われます。作法に従った無理のない発想法が多く採用されている点も高評価。

『上級問題　特訓ライティング』

書きはじめるまでの発想法にくわしく、具体的な解説がついている自由英作文の対策本。今後は和訳・英訳力より、書く内容で差がつく問題が増えていく方向なので、2020年以降の入試によく対応していると言えそうです。

『東大のクールな地理』

東大地理の時事問題を題材に、学校で習うことが現実社会とどう関係しているのかをわかりやすく解説した読み物。このタイプの出題は、中学入試ではすでに頻出であり、東大以外の大学や高校入試にも広がっていきそうです。

『思考力問題精講』シリーズ

おもに難関大の入試問題に見られる、目新しい題材についてその場で考えさせる問題に絞った理科の問題集。東大や京大に加え、難問型の医学部でも差がつく部分なので、タイプに合った受験校を判断するための素材としても有用です。

←付録は、巻末から始まります。

学習の作法【増補改訂版】

発行日　2017年　12月　15日　第1刷

Auther　天流仁志

Book Designer　小口翔平＋山之口正和（tobufune）

Illustrator　いつか

Publication　株式会社ディスカヴァー・トゥエンティワン
〒102-0093　東京都千代田区平河町2-16-1 平河町森タワー11F
TEL　03-3237-8321（代表）　FAX　03-3237-8323
http://www.d21.co.jp

Publisher　干場弓子
Editor　干場弓子＋三谷祐一

Marketing Group
Staff　小田孝文　井筒浩　千葉潤子　飯田智樹　佐藤昌幸　谷口奈緒美　古矢薫
蛯原昇　安永智洋　鍋田匠伴　榊原僚　佐竹祐哉　廣内悠理　梅本翔太
田中姫菜　橋本莉奈　川島理　庄司知世　谷中卓　小田木もも

Productive Group
Staff　藤田浩芳　千葉正幸　原典宏　林秀樹　大山聡子　大竹朝子　堀部直人
林拓馬　塔下太朗　松石悠　木下智尋　渡辺基志

E-Business Group
Staff　松原史与志　中澤泰宏　伊東佑真　牧野類

Global & Public Relations Group
Staff　郭迪　田中亜紀　杉田彰子　倉田華　李瑋玲

Operations & Accounting Group
Staff　山中麻吏　吉澤道子　小関勝則　西川なつか　奥田千晶
池田望　福永友紀

Assistant Staff
俵敬子　町田加奈子　丸山香織　小林里美　井澤徳子　藤井多穂子
藤井かおり　葛目美枝子　伊藤香　常徳すみ　鈴木洋子　内山典子
石橋佐知子　伊藤由美　押切芽生　小川弘代　越野志絵良　林玉緒
小木曽礼丈

Proofreader　株式会社鷗来堂
DTP　有限会社新榮企画
Printing　大日本印刷株式会社

ISBN978-4-7993-2206-2